# Salate

Ulrike Bültjer

Salate sind heute weit mehr als nur Vorspeise oder Beilage. Oft erobern sie die Hauptrolle bei einer Mahlzeit, denn Salate sind äußerst beliebt und vielseitig. In diesem Buch warten Rezepte für Salat-Klassiker zum Sattessen, Bistro-Salate für Gäste, Salate aus aller Welt zum Kennenlernen und unkomplizierte Party-Salate darauf, von Ihnen ausprobiert zu werden.

## Inhalt

Alle Rezepte auf einen Blick 2
Für Entdecker und Genießer 4

**Rezepte**
Salat-Klassiker 10
Bistro-Salate 20
Internationale Salate 34
Party-Salate 48

Alphabetisches Rezeptverzeichnis 62
Rezeptverzeichnis nach Rubriken 63

# Alle Rezepte auf einen Blick

| Rezept | Seite | kcal pro Portion | preiswert | vegetarisch | raffiniert | für Kids | Picknick | schnell | < 300 kcal | ACE-Power |
|---|---|---|---|---|---|---|---|---|---|---|
| Kartoffelsalat mit Speck | 10 | 350 | ✔ | | | ✔ | ✔ | | | |
| Löwenzahnsalat mit Croûtons | 12 | 300 | ✔ | | ✔ | | | ✔ | ✔ | |
| Käse-Wurst-Salat | 13 | 830 | | | ✔ | | ✔ | ✔ | | |
| Bunter Frühlingssalat | 14 | 350 | ✔ | ✔ | ✔ | | | | | ✔ |
| Bayerischer Krautsalat | 15 | 290 | ✔ | | | | ✔ | | ✔ | |
| Salat Niçoise | 16 | 430 | | | ✔ | | ✔ | | | ✔ |
| Thunfischsalat | 18 | 450 | ✔ | | ✔ | | | | | ✔ |
| Russischer Salat | 19 | 280 | ✔ | | | | | | ✔ | ✔ |
| Geflügel-Spinat-Salat | 20 | 300 | | | ✔ | | | | ✔ | ✔ |
| Sommersalat mit Käsedressing | 22 | 270 | ✔ | ✔ | ✔ | | | | ✔ | |
| Griechischer Bauernsalat | 23 | 500 | | ✔ | | ✔ | | | | ✔ |
| Herbstsalat mit Orangendressing | 24 | 120 | ✔ | ✔ | | ✔ | | ✔ | ✔ | |
| Grüner Salat mit Radieschen | 25 | 120 | ✔ | ✔ | | ✔ | | | ✔ | |
| Blattsalat mit Shiitake-Pilzen | 26 | 220 | | ✔ | ✔ | | | ✔ | ✔ | |
| Feldsalat mit Champignons und Räucherlachs | 28 | 290 | | | ✔ | | | | ✔ | ✔ |
| Papaya-Garnelen-Salat | 29 | 300 | | | ✔ | | | | ✔ | |
| Gemischter Krabbensalat | 30 | 180 | | | ✔ | | ✔ | ✔ | ✔ | |
| Wirsingsalat mit Lamm | 32 | 590 | | | ✔ | | ✔ | | | |
| Rinderfiletsalat mit Mango | 33 | 300 | | | ✔ | | | | ✔ | ✔ |
| Reisnudelsalat | 34 | 350 | ✔ | | ✔ | | | | | |

| Rezept | Seite | kcal pro Portion | preiswert | vegetarisch | raffiniert | für Kids | Picknick | schnell | < 300 kcal | ACE-Power |
|---|---|---|---|---|---|---|---|---|---|---|
| Chefsalat | 36 | 520 | ✔ | | | ✔ | | ✔ | | ✔ |
| Thailändischer Drei-Freunde-Salat | 37 | 430 | | | ✔ | | | | | ✔ |
| Pazifischer Gemüsesalat | 38 | 380 | ✔ | | ✔ | | | | | |
| Ungarischer Paprikasalat | 40 | 310 | ✔ | | | ✔ | | ✔ | | ✔ |
| Malayischer Geflügelsalat | 41 | 390 | | | ✔ | | | ✔ | | |
| Türkischer Spinatsalat | 42 | 190 | | ✔ | ✔ | | | ✔ | ✔ | |
| Panzanella | 44 | 250 | ✔ | | | | ✔ | ✔ | ✔ | |
| Libanesischer Salat | 45 | 290 | ✔ | ✔ | | | | | ✔ | |
| Frühlingsrollen auf dem Gemüsebett | 46 | 290 | ✔ | | ✔ | ✔ | | | ✔ | |
| Reis-Gemüse-Salat | 48 | 620 | ✔ | | | ✔ | ✔ | | | |
| Wildreissalat | 50 | 420 | | | ✔ | | ✔ | | | ✔ |
| Hähnchensalat mit Avocado und Roquefort | 51 | 580 | | | ✔ | | ✔ | | | ✔ |
| Wintersalat | 52 | 220 | ✔ | ✔ | | | | ✔ | ✔ | |
| Garnelen-Schinken-Salat | 53 | 290 | ✔ | | | | | ✔ | ✔ | |
| Farfallesalat mit Pfifferlingen | 54 | 520 | ✔ | | | ✔ | ✔ | | | |
| Tabbouleh | 56 | 300 | ✔ | ✔ | | ✔ | ✔ | ✔ | ✔ | |
| Tomaten-Mozzarella-Teller | 57 | 340 | ✔ | ✔ | | | ✔ | ✔ | | |
| Paprika-Eier-Salat | 58 | 430 | ✔ | ✔ | | | ✔ | ✔ | | ✔ |
| Teufelssalat | 60 | 450 | | | ✔ | | ✔ | | | ✔ |
| Kartoffel-Leberkäse-Salat | 61 | 610 | ✔ | | | ✔ | ✔ | | | |

# Für Entdecker und Genießer

Noch vor 40 Jahren hatte der gute alte Kopfsalat fast eine Monopolstellung in Deutschland. Doch dann wurde es in der Salatszene so richtig bunt. Heute können wir unter über 50 verschiedenen Salatsorten wählen – und der Kopfsalat musste seine Favoritenstellung an den Eisbergsalat abtreten.

**Bataviasalat** (2) hat gelblich grüne Blätter mit rot gefärbten Blatträndern, die kräftiger sind als die des Kopfsalats und deshalb beim Anrichten auch nicht so leicht zusammenfallen. Er schmeckt knackig-frisch und deutlich herzhafter als Kopfsalat.
*Lagerung: 2–3 Tage.*

**Chicorée** (1) zählt, botanisch gesehen, zum Gemüse, wird aber auch gerne roh als Salat verzehrt. Beim Putzen muss der bittere Strunk keilförmig herausgeschnitten werden. Ein Zeichen von Frische sind fest verschlossene Stauden ohne braune Stellen. Da Chicorée unter Lichteinfluss grün wird, sollte man ihn dunkel aufbewahren.
*Lagerung: bis zu 8 Tage.*

**Eichblattsalat** (3) verdankt seinen Namen dem Eichenlaub ähnlichen Blättern. Es gibt rötliche und grünliche Sorten. Beide enthalten keine Bitterstoffe und haben ein feines, haselnussähnliches Aroma. Kaufen Sie nach Möglichkeit kleine Köpfe, sie sind zarter als die großen.
*Lagerung: Der Kopf des Eichblattsalats ist sehr locker und hält sich daher höchstens 1 Tag.*

**Eisbergsalat** (4), auch Eis- oder Krachsalat genannt, hat einen runden Kopf mit festen, hell- oder dunkelgrünen Blättern und wiegt um die 800 g. Er schmeckt knackig, saftig und etwas herzhafter als Kopfsalat. Achten Sie beim Einkauf vor allem darauf, dass der Kopf des Salats noch fest ist.
*Lagerung: Eisbergsalat ist ziemlich robust und hält sich bis zu 5 Tage.*

**Endiviensalat** (5), auch unter dem Namen Eskariol bekannt, sieht aus wie eine große, platte Rosette mit breiten, gezahnten Blättern, die leicht bitter schmecken können. Die Außenblätter sollten dunkelgrün, das Herz hellgelb sein. Am besten schneidet man ihn in recht feine Streifen, damit er möglichst viel Salatsauce aufnehmen kann.
*Lagerung: Endiviensalat kann sogar angeschnitten einige Tage gelagert werden.*

**Feldsalat** (7) (Ackersalat, Rapunzel) schmeckt herb und etwas nussartig. Da er meist sehr sandig ist, muss er gründlich gewaschen werden. Besonders knackig ist er, wenn man ihn vor der Zubereitung kurz in eiskaltes Wasser legt. Nach dem Waschen muss er allerdings sehr gut trockengetupft oder -geschleudert werden, weil er Feuchtigkeit nicht verträgt.
*Lagerung: 2 Tage.*

**Friséesalat** (8, 9) ist der krause Bruder des Endiviensalats. Charakteristisch für ihn sind seine sehr feingliedrig gewachsenen Blätter, die innen gelb und außen grün sind. Frisée schmeckt würzig-herb bis leicht bitter. Die Blätter sollten keine braunen Stellen aufweisen.
*Lagerung: höchstens 1 Tag.*

**Kopfsalat** (6) (Grüner Salat, Blattsalat) hat außen grüne Blätter und ein fest zusammengepresstes grüngelbes Herz. Beim Einkauf sollten Sie darauf achten, dass die Köpfe geschlossen und die Blätter knackig sind. Die Schnittfläche am Strunk muss weiß sein.
*Lagerung: Kopfsalat hält sich nur ca. 1 Tag.*

**Lollo rosso** (10) und **Lollo bionda** sehen aus wie krauser Kopfsalat. Der Lollo rosso hat knackige Blätter mit dunkelroten bis violettfarbenen Blatträndern. Sein „Bruder", der Lollo bionda, hat hellgelbe bis hellgrüne Blätter. Beide Sorten schmecken herb-würzig, ein bisschen nach Nüssen.
*Lagerung: 1–2 Tage.*

**Löwenzahn** (11, 12) wird in zwei Sorten angeboten: grün und gelblich weiß. Die grüne Sorte hat feste, harte Blätter und schmeckt angenehm würzig bis zartbitter. Es gibt sie aus dem Anbau oder aus freier Natur. Allerdings ist kultivierter Löwenzahn milder als der selbst gesammelte. Gelbweißer Löwenzahn schmeckt sehr mild. Frischer Löwenzahn hat feuchte Schnittstellen, und auf leichten Druck tritt eine weißliche Milch aus. Blätter mit braunen Stellen sollten Sie nicht verwenden.
*Lagerung: Löwenzahn sollte möglichst erntefrisch verzehrt werden.*

**Radicchio** (13) ist ein enger Verwandter der Endivie und des Chicorées. Die faustgroßen, festen, rotweißen Köpfe haben einen herbbitteren Geschmack.
*Lagerung: mehrere Tage.*

## Öl und Essig – die Grundzutaten eines guten Dressings

**Diestelöl** wird aus den Samen der Färberdiestel gewonnen. Es enthält viele hochwertige, ungesättigte Fettsäuren und ist geschmacksneutral.

**Haselnussöl, Walnussöl** und **Traubenkernöl** haben einen feinen, nussigen Geschmack. Traubenkernöl wird aus den Kernen der Weinbeeren gepresst, ist hell, grünlich, schmeckt leicht nussig und ist sehr reich an ungesättigten Fettsäuren.

**Maisöl**, das auch Maiskeimöl genannt wird, und **Sonnenblumenöl** sind gelb, geschmacksneutral und enthalten viele ungesättigte Fettsäuren.

**Olivenöl** ist das älteste Speiseöl, das wir kennen. Es stammt von den Früchten des Öl- oder Olivenbaums. Man unterscheidet zwischen dem so genannten Jungfernöl, „extra vergine“ und dem „reinen Olivenöl“. Das Jungfernöl ist aus dem Fleisch erstklassiger Früchte kalt gepresst und wird nicht gebleicht oder desodoriert. Es ist grünlich bis blassgelb und geruchlos.

**Sesamöl** ist in der chinesischen Küche sehr beliebt. Es wird aus gerösteten Sesamsamen gewonnen und schmeckt wesentlich kräftiger als andere Öle. Verwenden Sie es deshalb nur sehr sparsam.

**Balsamessig** (Aceto Balsamico) ist ein langgereifter, leicht süßlicher italienischer Weinessig. Er wird aus dem Saft der Tebbianotrauben hergestellt.

**Rotweinessig** wird ausschließlich aus Rotwein hergestellt, ist sehr aromatisch und kräftig.

**Weißweinessig** wird ausschließlich aus Weißwein hergestellt und schmeckt etwas milder als Rotweinessig.

**Sherryessig** wird aus Wein und Sherry hergestellt. Er hat ein sehr feines Aroma.

**Wein-Branntwein-Essig** ist eine Mischung aus reinem Weinessig und Branntweinessig, schmeckt sehr säuerlich und pikant.

**Branntweinessig**, auch Tafelessig genannt, wird nur aus Branntwein hergestellt. Er hat einen ausgeprägt säuerlichen, sehr frischen Geschmack.

**Kräuteressig** ist ein Weinessig, dem schon beim Gärprozess Kräuter, zum Teil auch Kräuterzweige, beigefügt werden. Der wohl bekannteste Kräuteressig ist der Estragonessig.

**Obstessig** wird vorzugsweise aus Apfelwein gewonnen und hat einen fruchtig-säuerlichen Geschmack.

## Die perfekte Sauce

Selbst der exotischste Salat ist ohne eine würzige Sauce ein kulinarisches Nichts. Erst die Sauce macht aus ihm ein unvergleichliches Geschmackserlebnis. Dabei ist es egal, ob es sich nun um eine klassische Vinaigrette, eine selbst gemachte Mayonnaise, eine leichte Quark- oder Joghurtsauce oder aber sogar um ein Fertigdressing handelt. Übrigens, die Bezeichnung „Dressing" kommt aus dem Amerikanischen und ist der Überbegriff für alle Salatsaucen.

**Vinaigrette:** Klassiker der Salatküche, und nicht nur der „grünen", ist die Vinaigrette, also eine Essig-Öl-Marinade. Bei ihrer Zubereitung sollten Sie sich unbedingt an folgende Regeln halten: „Nimm Öl wie ein Verschwender, Salz wie ein Weiser, Essig wie ein Geiziger und vermische alles wie ein Narr!"

**Joghurtdressing:** Für diese beliebte Salatsauce verrühren Sie 2 EL Öl mit 200 g Naturjoghurt. Würzen Sie dann mit 3 EL Zitronensaft oder 2 EL mildem Essig. Salzen und pfeffern, dann ist die Basissauce schon fertig. Nach Belieben können Sie Tomatenmark, Ketchup oder Senf sowie verschiedene Kräuter oder Knoblauch unterrühren.

**Mayonnaise:** Für alle, die eine selbst gemachte Mayonnaise bevorzugen, hier das Rezept für ungefähr 150 g Mayonnaise: 2 sehr frische Eigelbe und 1 Prise Salz mit dem Handrührgerät auf höchster Stufe cremig rühren. Dann ⅛ l geschmacksneutrales Öl tropfenweise unter ständigem Rühren mit dem Handrührgerät auf niedrigster Stufe hineintröpfeln lassen (das bereits dazugegebene Öl muss sich jeweils vollständig mit der Eigelbcreme verbunden haben, bevor Sie weitere Tropfen hinzufügen). Ist das Öl schließlich verbraucht, rühren Sie die Mayonnaise noch weitere 2–3 Minuten, bis sie dicklich ist. Schmecken Sie danach das Ganze mit 1 TL Weißweinessig, ½ TL Delikatess-Senf und 1 Prise Zucker ab.

Ganz wichtig: die Mayonnaise gelingt Ihnen nur, wenn Eigelbe und Öl die gleiche Temperatur haben. Sollte die Mayonnaise gerinnen, dann verrühren Sie diese mit einem weiteren, cremig gerührten Eigelb.

Diese Grundmayonnaise können Sie z. B. mithilfe von Joghurt oder Quark etwas „schlanker" machen.

Mit Gewürzen wandeln Sie die Mayonnaise zu einer Remoulade oder mit Knoblauch zur Aioli ab.

Selbst gemachte Mayonnaise sollten Sie übrigens immer möglichst sofort verwenden. Im Sommer sollten Sie sogar besser auf fertige Mayonnaise zurückgreifen, denn bei warmem Wetter können sich in der selbst gemachten Mayonnaise Salmonellen schnell vermehren. Diese Erreger können dann Ursache für eine gefährliche Lebensmittelvergiftung sein.

Salat-Klassiker 10

Bistro-Salate 20

Internationale Salate 34

Party-Salate 48

# Die Rezepte

# Kartoffelsalat mit Speck

**preiswert ✓**
vegetarisch
raffiniert
**für Kids ✓**
**Picknick ✓**
schnell
< 300 kcal
ACE-Power

**Für 4 Personen**

- Zubereitungszeit: ca. 1 Std.
- Zeit zum Durchziehen: ca. 1 Std.
- ca. 350 kcal je Portion

1 kg fest kochende Kartoffeln • etwas Salz
75 g durchwachsener, geräucherter Speck • 2 kleine Zwiebeln
1 EL Speiseöl
3–4 EL Weißweinessig • 1/4 l kräftige Rindfleischbrühe • etwas schwarzer Pfeffer aus der Mühle
1 Bund krause Petersilie

**1.** Die Kartoffeln gründlich waschen und ungeschält in reichlich Salzwasser in etwa 25 Minuten gar kochen. Die Kartoffeln abgießen und gut ausdampfen lassen.

**2.** Die Kartoffeln pellen und in etwa 3 mm dünne Scheiben schneiden. Die Scheiben in eine Salatschüssel geben.

**3.** Den Speck mit einem scharfen Messer von der Schwarte lösen und ihn zuerst in Streifen, dann in sehr kleine Würfel schneiden. Die Zwiebeln schälen und ebenfalls klein würfeln.

**4.** Das Öl in einer Pfanne erhitzen. Die Zwiebelwürfel darin in etwa 2 Minuten andünsten. Die Speckwürfel dazugeben und beides weitere 4 Minuten anrösten, sodass der Speck ausgelassen ist. Die Zwiebel-Speck-Mischung durch ein Sieb gießen und beiseite stellen.

**5.** Das verbliebene Speckfett in der Pfanne mit dem Essig und der Brühe ablöschen, alles aufkochen lassen und mit Salz sowie Pfeffer abschmecken.

**6.** Die Petersilie kurz abspülen, trockentupfen, sehr fein hacken und unter die Brühe rühren.

**7.** Die Brühe auf die Kartoffeln gießen und vorsichtig darunter mischen. Zum Schluss die Zwiebel-Speck-Mischung unterheben und den Salat etwa 1 Stunde durchziehen lassen.

## Tipps

Wenn es mal schnell gehen soll, stechen Sie die Schale der Kartoffeln mehrmals mit einer Gabel ein. Dann werden die Kartoffeln schneller gar.

Kleine Pellkartoffeln lassen sich übrigens sehr gut mit einem Eierschneider in dünne, gleichmässige Scheiben schneiden.

Noch pikanter wird der Salat, wenn Sie die Marinade mit etwas scharfem Senf abschmecken.

Wer mag, kann noch 1/2 Glas in Streifen geschnittene schlesische Gurkenhappen unter den Salat mischen. Dann sollten Sie den Essig aber durch dieselbe Menge Gurkenflüssigkeit aus dem Glas ersetzen.

## Variation

Während dieser Salat mit Speck und Essigmarinade vor allem im Süden geschätzt wird, mögen die Norddeutschen lieber folgende Version: Die gleiche Menge Kartoffeln mit 2 gewürfelten Zwiebeln, 3 gewürfelten Gewürzgurken, 2 hart gekochten und in Würfel geschnittenen Eiern sowie 1 in Würfel geschnittenen säuerlichen Apfel vermischen. Alles mit einem Dressing aus 100 g Mayonnaise, 2 EL Milch, 3 EL Joghurt und etwas Gurkenmarinade sowie Salz, Pfeffer und Zucker mischen. Lassen Sie diesen Salat mindestens 30 Minuten durchziehen.

# Löwenzahnsalat mit Croûtons

**preiswert ✓**
vegetarisch
**raffiniert ✓**
für Kids
Picknick
**schnell ✓**
**< 300 kcal ✓**
ACE-Power

**Für 4 Personen**

- Zubereitungszeit: ca. 30 Min.
- ca. 300 kcal je Portion

400 g Löwenzahn
1 mittelgroßer Kopf Friséesalat
80 g durchwachsener, geräucherter Speck •
2 EL Olivenöl
2 Scheiben Bauernbrot
4 EL Kräuteressig • etwas Salz •
etwas schwarzer Pfeffer aus der Mühle

**1.** Den Löwenzahn sorgfältig putzen. Die harten Außenblätter und die Stiele entfernen. Den Löwenzahn zerteilen, kurz waschen und in einem Sieb abtropfen lassen.

**2.** Den Friséesalat putzen. Die harten Außenblätter entfernen und die Stiele herausschneiden. Die Blätter waschen, abtropfen lassen und in mundgerechte Stücke zerzupfen.

**3.** Den Speck in feine Streifen schneiden und in einer beschichteten Pfanne bei mittlerer Hitze auslassen. 1 EL Olivenöl hinzufügen, die Hitzezufuhr erhöhen.

**4.** Die Brotscheiben würfeln, zum Speck geben und rasch rundum knusprig braten.

**5.** Den Essig, nur ganz wenig Salz und Pfeffer mit dem restlichen Öl vermischen. Die Salatblätter in die Marinade geben und unterheben. Den Pfanneninhalt hinzufügen und alles miteinander vermengen.

## Tipp

Sehr gut schmeckt der Salat auch mit Knoblauch-Croûtons. Dafür 250 g Stangenweißbrot in dünne Scheiben schneiden, mit 100 g Knoblauchbutter bestreichen und im heißen Backofen bei 250 °C (Umluft 220 °C; Gas Stufe 5) goldbraun überbacken. Die Scheiben in kleine Würfel schneiden und die Croûtons dann auf den Salat streuen.

preiswert
vegetarisch
**raffiniert ✓**
für Kids
**Picknick ✓**
**schnell ✓**
< 300 kcal
ACE-Power

# Käse-Wurst-Salat

400 g Cervelatwurst
250 g Schweizer Emmentaler • 3 Gewürzgurken
5 EL Weißweinessig • 1 TL mittelscharfer Senf •
4 EL Sonnenblumenöl • etwas Salz •
etwas schwarzer Pfeffer aus der Mühle
½ Bund Schnittlauch • ½ Bund Dill

**1.** Die Cervelatwurst von der Wurstpelle befreien und zuerst in dünne Scheiben, dann in schmale Streifen schneiden.

**2.** Den Käse entrinden. Die Gewürzgurken abtropfen lassen. Käse und Gurken ebenfalls in feine Streifen schneiden. Die vorbereiteten Salatzutaten in einer Schüssel vermischen.

**3.** Den Essig mit dem Senf in einer kleinen Schüssel verrühren. Alles zusammen mit dem Öl aufschlagen und mit Salz sowie Pfeffer abschmecken. Diese Marinade auf die Salatzutaten gießen, alles vermischen und durchziehen lassen.

**4.** Schnittlauch und Dill unter fließend kaltem Wasser abspülen, trockentupfen und beides fein schneiden. Den Salat vor dem Servieren mit den Kräutern bestreuen.

## Tipp

Wurstsalat sollte, damit er gut durchzieht, in der Marinade schwimmen. Deshalb nimmt man hierbei mehr Öl und Essig. Sollte der Salat Ihnen deshalb zu sauer sein, können Sie den Essig auch mit etwas Wasser verdünnen.

**Für 4 Personen**

- Zubereitungszeit: ca. 30 Min.
- Zeit zum Durchziehen: ca. 1 Std.
- ca. 830 kcal je Portion

# Bunter Frühlingssalat

4 frische Eier
150 g frische grüne Bohnen (z. B. Prinzessbohnen)
etwas Salz
250 g Möhren • 250 g Kohlrabi • 1/2 Kopf Eisbergsalat
1 Bund Radieschen • 4 Frühlingszwiebeln
5 EL Zitronensaft • 1 EL Zucker •
8 EL Sonnenblumenöl • 1 Kästchen Kresse

**1.** Die Eier in reichlich kochendes Wasser geben und in etwa 10 Minuten hart kochen, dann kalt abschrecken, pellen und halbieren.

**2.** Inzwischen die Bohnen gründlich waschen und abtropfen lassen. Die Stielansätze abschneiden. Die Bohnen eventuell entfädeln und quer halbieren.

**3.** Reichlich Salzwasser zum Kochen bringen und die Bohnen darin etwa 10 Minuten garen. Die Bohnen abgießen, eiskalt abschrecken und danach gut abtropfen lassen.

**4.** Die Möhren sowie den Kohlrabi putzen und waschen. Danach beides getrennt grob raffeln. Den Eisbergsalat putzen. Die Blätter ablösen, waschen, gut trockenschütteln und feste Blattrippen entfernen.

**5.** Die Radieschen putzen, waschen, trockenreiben und in dünne Scheiben schneiden. Die Frühlingszwiebeln putzen. Das Grün bis auf 5 cm abschneiden. Die Zwiebeln waschen, trockentupfen und in feine Ringe schneiden.

**6.** Aus Zitronensaft, Zwiebelringen, Salz, Zucker und Öl eine Salatsauce rühren. Die Kresse abschneiden und unter die Sauce rühren.

**7.** Den Eisbergsalat auf einer Platte anrichten. Das Gemüse sortenweise darauf legen. Die Eier in Achtel teilen und ebenfalls dazu legen. Alles mit der Salatsauce begießen.

**preiswert ✓**
**vegetarisch ✓**
**raffiniert ✓**
für Kids
Picknick
schnell
< 300 kcal
**ACE-Power ✓**

**Für 4 Personen**

- Zubereitungszeit: ca. 50 Min.
- ca. 350 kcal je Portion

# Bayerischer Krautsalat

600 g Weißkohl
125 g geräucherter, durchwachsener Speck
1/2 Zwiebel • 4 EL Weißweinessig • etwas Zucker • etwas gemahlener Kümmel • etwas Salz • etwas schwarzer Pfeffer aus der Mühle
2 EL Maiskeimöl

**1.** Den Weißkohl putzen, halbieren und den Strunk herausschneiden. Dann den Kohl vierteln und quer zur Wuchsrichtung die Blätter mit einem großen Messer in möglichst dünne Streifen schneiden. Sie können den Kohl aber auch mit dem Krauthobel hobeln.

**2.** Den Kohl etwa 3 Minuten in kochendes Wasser tauchen, dann mit eiskaltem Wasser abschrecken und sofort auf ein Sieb geben.

**3.** Den Räucherspeck in kleine Würfel schneiden und in einer beschichteten Pfanne ohne Fett knusprig und braun braten.

**4.** Die Zwiebelhälfte schälen und sehr fein reiben. Die Zwiebel mit dem Essig, etwas Zucker, Kümmel, Salz und Pfeffer verrühren.

**5.** Das Kraut mit dem Räucherspeck und der Essigsauce verrühren und mindestens 2 Stunden durchziehen lassen.

**6.** Kurz vor dem Servieren das Öl darunter rühren und den Salat eventuell noch nachwürzen.

## Tipp

Kohlsalat wird umso zarter, je länger er ziehen kann. Sie können den Kohl darum auch schon 2–3 Tage vorher schneiden, blanchieren und in der Marinade ziehen lassen. Wichtig ist nur, dass der Kohl gut zusammengepresst und im Kühlschrank gelagert wird.

**preiswert ✓**
vegetarisch
raffiniert
für Kids
**Picknick ✓**
schnell
**< 300 kcal ✓**
ACE-Power

**Für 4 Personen**

- Zubereitungszeit: ca. 1 Std.
- Zeit zum Durchziehen: ca. 2 Std.
- ca. 290 kcal je Portion

# Salat Niçoise

preiswert
vegetarisch
**raffiniert ✓**
für Kids
**Picknick ✓**
schnell
< 300 kcal
**ACE-Power ✓**

**Für 4 Personen**

- Zubereitungszeit: ca. 45 Min.
- ca. 430 kcal je Portion

4 frische Eier
5 große Tomaten • 1 Salatgurke •
4 kleine violette Artischocken • 1/2 Zitrone
2 grüne Paprikaschoten • 4 Frühlingszwiebeln
1 Dose Thunfisch naturell (150 g Abtropfgewicht) •
12 Sardellenfilets (aus dem Glas)
1 Knoblauchzehe • 100 g schwarze Oliven
2 Zweige Basilikum (ersatzweise 1/4 TL Kräuter der Provence)
5 EL Olivenöl • etwas Salz •
etwas schwarzer Pfeffer aus der Mühle

**1.** Für den Salat die Eier in etwa 10 Minuten hart kochen, pellen, halbieren und abkühlen lassen.

**2.** Inzwischen die Tomaten, die Gurke und die Artischocken waschen und trockentupfen. Die Tomaten vierteln. Die Gurke putzen und in dünne Scheiben schneiden. Die Artischocken halbieren und die Stiele abschneiden. Die bitteren Blattenden mit der Schere um etwa 1 cm kürzen. Alle Schnittflächen mit der Zitrone abreiben, damit sie nicht braun werden.

**3.** Die Paprikaschoten waschen, trockenreiben, halbieren, entkernen, vom Stielansatz befreien und in schmale Streifen schneiden. Die Frühlingszwiebeln putzen, waschen, trockentupfen und in Ringe schneiden.

**4.** Den Thunfisch abtropfen lassen und klein zupfen. Die Sardellenfilets unter kaltem Wasser abspülen und dann mit Küchenkrepp trockentupfen.

**5.** Den Knoblauch schälen, halbieren und eine große Schüssel gut damit ausreiben. Die klein geschnittenen Salatzutaten mit den Eihälften, dem Thunfisch, den Sardellen und den Oliven dekorativ darin verteilen. Den Salat kühl stellen.

**6.** Für die Marinade das Basilikum waschen, trockentupfen und die Blätter abzupfen. Die Basilikumblätter fein hacken.

**7.** In einer kleinen Schüssel das Olivenöl mit etwas Salz und Pfeffer verrühren. Am Schluss das Basilikum gut darunter rühren und die Marinade über den Salat geben.

## Tipp

In Frankreich wird der Nizza-Salat auch gern zum Picknick zwischen Baguettebrot gegessen („pan-bagnat"). Sie brauchen dafür 4 Baguettebrötchen (oder 1 Baguettebrot). Die Brötchen längs halbieren, beide Innenseiten mit je 1 TL Rotweinessig und 1 EL Olivenöl beträufeln. Dann alles etwas salzen und pfeffern und mit dem Salat füllen.

RICAR

# Thunfischsalat

250 g gelbe Paprikaschoten • 2 rote Zwiebeln
250 g Kirschtomaten •
150 g mit Paprika gefüllte, grüne Oliven
200 g Thunfisch in Öl
50 g Mayonnaise • 4 EL Sahne • 2 EL Chilisauce • Saft von 1 Zitrone • etwas Salz • etwas schwarzer Pfeffer aus der Mühle • 1 Prise Zucker
½ Kopf Friséesalat

**preiswert ✓**
vegetarisch
**raffiniert ✓**
für Kids
Picknick
schnell
< 300 kcal
**ACE-Power ✓**

**Für 4 Personen**

- Zubereitungszeit: ca. 30 Min.
- Zeit zum Durchziehen: ca. 30 Min.
- ca. 450 kcal je Portion

**1.** Die Paprikaschoten waschen, trockenreiben, halbieren, entkernen, vom Stielansatz befreien und klein würfeln. Die Zwiebeln schälen und in sehr dünne Ringe schneiden.

**2.** Die Kirschtomaten waschen, putzen, trockenreiben und halbieren. Die Oliven eventuell abtropfen lassen.

**3.** Den Thunfisch sehr gut abtropfen lassen, grob zerteilen und mit den anderen vorbereiteten Salatzutaten mischen.

**4.** Mayonnaise mit Sahne, Chilisauce und Zitronensaft in einer kleinen Schüssel verrühren. Alles mit Salz, Pfeffer und Zucker abschmecken. Das Dressing auf den Salat gießen, vorsichtig darunter heben und alles zugedeckt etwa 30 Minuten kühl stellen.

**5.** Den Friséesalat putzen, waschen, die Blätter von den festen Blattrippen befreien, gut trockenschütteln und in eine Schüssel legen. Den Thunfischsalat darauf verteilen.

## Tipp

Sie können auch 300 g frisches Thunfischfilet nehmen. Filet kalt abspülen, trockentupfen und in kleine Stücke schneiden. Salzen und mit Zitronensaft beträufeln. 2 EL Olivenöl erhitzen und den Fisch darin 4–6 Minuten braten. Abkühlen lassen.

preiswert ✓
vegetarisch
raffiniert
für Kids
Picknick
schnell
< 300 kcal ✓
ACE-Power ✓

# Russischer Salat

400 g Zucchini • 150 g grüne Bohnen •
150 g Staudensellerie
200 g fest kochende Kartoffeln • 200 g Möhren •
200 g TK-Erbsen • etwas Salz
1 frisches Ei
60 g Mayonnaise • 1 EL Sahne • Cayennepfeffer
$^1/_2$ Kopf Kopfsalat
1 Essiggurke • 1 kleine Dose Sardellenröllchen in Öl

**1.** Die Zucchini von Stiel- und Blütenansätzen befreien. Von den Bohnen die Stielansätze abschneiden und die Fäden entfernen. Sellerie putzen. Das Gemüse waschen.

**2.** Kartoffeln und Möhren schälen und ebenso wie die Zucchini würfeln. Bohnen und Sellerie in mundgerechte Stücke schneiden. Das Gemüse nach Kochdauer getrennt in Salzwasser bissfest kochen. Kartoffeln und Möhren brauchen 10–15 Minuten, Bohnen, Zucchini und Staudensellerie 5–7 Minuten, Erbsen 8–10 Minuten.

**3.** Das Ei in kochendem Wasser in etwa 10 Minuten hart kochen, kalt abschrecken, pellen und in Scheiben schneiden.

**4.** Das gare Gemüse in einem Sieb gut abtropfen lassen und in eine Schüssel geben.

**5.** In einer kleinen Schale Mayonnaise und Sahne verrühren. Mit Cayennepfeffer sowie Salz würzen. Das Dressing vorsichtig unter das Gemüse heben und alles im Kühlschrank etwa 30 Minuten durchziehen lassen.

**6.** Die Kopfsalatblätter lösen, waschen, trockenschütteln und eine Salatschüssel damit auslegen. Den Gemüsesalat hineingeben.

**7.** Die Gurke klein schneiden. Die Sardellenröllchen gut abtropfen lassen. Den Salat mit den Eischeiben, den Gurkenstückchen und den Sardellenröllchen garnieren.

**Für 4 Personen**

- Zubereitungszeit: ca. 1 $^1/_2$ Std.
- Zeit zum Durchziehen: ca. 30 Min.
- ca. 280 kcal je Portion

# Geflügel-Spinat-Salat

preiswert
vegetarisch
**raffiniert ✓**
für Kids
Picknick
schnell
**< 300 kcal ✓**
**ACE-Power ✓**

**Für 4 Personen**

- Zubereitungszeit: ca. 40 Min.
- ca. 300 kcal je Portion

4 Putenschnitzel à 100 g • etwas Salz • etwas schwarzer Pfeffer aus der Mühle • 6 EL Sonnenblumenöl
400 g junger Blattspinat • 1 Bund Radieschen
200 g frische braune Champignons • Zitronensaft
2 kleine rote Zwiebeln
2 1/2 EL Kräuteressig • etwas Zucker
je 1/2 Bund Schnittlauch, glattblättrige Petersilie und Kerbel

**1.** Die Putenschnitzel kalt abbrausen und abtrocknen. Die Schnitzel mit Salz und Pfeffer würzen. 2 EL Öl in einer großen Pfanne erhitzen und die Schnitzel darin von jeder Seite etwa 4 Minuten braten. Dann die Schnitzel herausnehmen, etwas abkühlen lassen und in Würfel schneiden.

**2.** Den Spinat verlesen, eventuell von harten Stielen befreien, waschen und gut trockenschütteln. Die Radieschen putzen, waschen, trockenreiben und in dünne Scheiben schneiden.

**3.** Nun die Champignons waschen, putzen und ebenfalls in dünne Scheiben schneiden. Dann die Pilze sofort mit etwas Zitronensaft beträufeln.

**4.** Die Zwiebeln schälen und in kleine Würfel schneiden. Alle vorbereiteten Salatzutaten in einer großen Schüssel vermischen.

**5.** Den Essig mit etwas Zucker, Salz und Pfeffer in einer kleinen Schüssel verrühren, das restliche Öl mit einem Schneebesen darunter schlagen.

**6.** Die Kräuter unter kaltem Wasser abwaschen und dann trockentupfen. Den Schnittlauch in Röllchen schneiden, die restlichen Kräuter fein hacken. Alles unter die Salatsauce mischen. Die Sauce auf den Salat träufeln und gut darunter mengen. Der Salat kann dann sofort serviert werden.

## Tipp

Champignons, die roh verarbeitet werden, müssen sofort mit Zitronensaft oder Essigwasser beträufelt werden, damit sie sich nicht verfärben. Die kleinen braunen Champignons haben übrigens ein intensiveres Aroma als die kleinen weißen.

## Variation

Geben Sie dem Salat eine fernöstliche Note und ersetzen Sie die Radieschen durch frische Bohnensprossen, die Champignons durch in Streifen geschnittene Äpfel und die Zwiebeln durch 2 eingelegte Ingwerpflaumen. Für die Marinade verrühren Sie 2 EL Kokosflocken mit 2 EL Essig, Salz, Cayennepfeffer, 1/2 TL gemahlenem Ingwer, 4 EL Maiskeimöl, 4 EL süßer Sahne und 1 TL Sojasauce.

# Sommersalat mit Käsedressing

- **preiswert ✓**
- **vegetarisch ✓**
- **raffiniert ✓**
- **für Kids**
- **Picknick**
- **schnell**
- **< 300 kcal ✓**
- **ACE-Power**

**Für 4 Personen**

- Zubereitungszeit: ca. 50 Min.
- ca. 270 kcal je Portion

2 frische Eier
350 g Staudensellerie • 1 ½ Bund Radieschen
2 rote Zwiebeln • ½ Kopf Kopfsalat
100 g Edelpilzkäse • 100 g Sahne • 100 g Magermilchjoghurt • 2–4 EL Apfelessig • Saft von ½ Zitrone • 1 EL Honig • etwas Salz • etwas weißer Pfeffer aus der Mühle
½ Bund krause Petersilie

**1.** Die Eier in kochendes Wasser legen und darin in etwa 10 Minuten hart kochen. Dann die Eier abschrecken, pellen, achteln und abkühlen lassen.

**2.** Den Staudensellerie putzen, waschen, gut abtropfen lassen und in feine Ringe schneiden. Die Radieschen putzen, waschen, trockenreiben und dann in dünne Scheiben schneiden.

**3.** Die Zwiebeln schälen und in feine Ringe schneiden. Den Kopfsalat putzen, waschen, trockenschütteln und die einzelnen Blätter ablösen. Dabei die Strunkansätze und festen Blattrippen entfernen.

**4.** Eine Schüssel mit den Salatblättern auskleiden. Die vorbereiteten Salatzutaten vermischen und in die Schüssel geben.

**5.** Den Käse zerdrücken und in eine kleine Schüssel geben. Sahne, Joghurt, Essig, Zitronensaft und Honig darunter rühren und alles zu einer glatten, cremigen Sauce verrühren. Das Dressing mit Salz und Pfeffer pikant abschmecken.

**6.** Die Petersilie kalt abspülen, trockentupfen, fein hacken und zum Schluss unter das Dressing rühren. Das Dressing über den Salat gießen und vorsichtig untermengen.

## Tipp

Nehmen Sie statt der Radieschen einen in Stücke geschnittenen roten Apfel und 150 g entkernte, halbierte blaue Trauben.

preiswert
**vegetarisch ✓**
raffiniert
**für Kids ✓**
Picknick
schnell
< 300 kcal
**ACE-Power ✓**

# Griechischer Bauernsalat

1 Salatgurke • 300 g Tomaten
je 1 gelbe und grüne Paprikaschote • 2 Zwiebeln
1 Kopf Kopfsalat • 2 EL entsteinte schwarze Oliven • 2 EL mit Paprika gefüllte grüne Oliven
300 g Schafskäse
4 EL Weißweinessig • 1 EL mittelscharfer Senf • 6 EL Olivenöl • etwas Salz • etwas schwarzer Pfeffer aus der Mühle • 1/2 Bund Oregano

**1.** Die Gurke schälen, längs halbieren, entkernen und in Scheiben schneiden. Die Tomaten waschen, trockenreiben, vom Stielansatz befreien und achteln.

**2.** Die Paprikaschoten waschen, trockenreiben, vierteln, entkernen und in feine Streifen schneiden. Die Zwiebeln schälen und in sehr feine Ringe schneiden.

**3.** Dann den Kopfsalat putzen, waschen, trockenschütteln und nun in mundgerechte Stücke zupfen. Dabei die Strunkansätze und festen Blattrippen entfernen. Anschließend die Oliven halbieren.

**4.** Den Schafskäse in etwa 2 cm große Würfel schneiden. Alle vorbereiteten Salatzutaten in einer großen Schüssel vermischen.

**5.** Essig und Senf in einer kleinen Schüssel verrühren. Das Öl darunter schlagen und alles mit Salz und Pfeffer abschmecken. Die Oreganoblätter von den Stielen zupfen, kalt abbrausen, trockentupfen und fein hacken.

**6.** Die Kräuter unter die Salatsauce rühren. Die Sauce auf den Salat träufeln und vorsichtig untermischen.

## Tipp

Mischen Sie den Schafskäse erst kurz vor dem Servieren unter den Salat. Sonst zerbröselt er in der Marinade und wird dabei unansehnlich.

**Für 4 Personen**

- Zubereitungszeit: ca. 50 Min.
- ca. 500 kcal je Portion

# Herbstsalat mit Orangendressing

1 kleiner Kopf Radicchio • 1/2 Kopf Eichblattsalat • 1/2 Kopf Kopfsalat
1 Bd. Radieschen • 150 g Salatgurke • 1 rote Zwiebel
1 TL Orangenmarmelade • 2 EL Orangensaft • 2 EL Balsamessig • 4 EL Sonnenblumenöl • etwas Salz • etwas schwarzer Pfeffer aus der Mühle • Zucker
1/2 Bund Zitronenmelisse

**1.** Die Salate putzen, waschen und klein zupfen. Dabei feste Blattrippen und Strunkansätze entfernen. Alles trockenschütteln.

**2.** Die Radieschen putzen, waschen, trockenreiben und in dünne Scheiben schneiden. Die Gurke schälen und zuerst in Scheiben, dann in dünne Stifte schneiden, die Zwiebel schälen und in Ringe schneiden.

**3.** Alle vorbereiteten Salatzutaten in einer großen Schüssel miteinander vermischen oder auf Portionstellern anrichten.

**4.** Die Orangenmarmelade in einem kleinen Topf bei geringer Hitze schmelzen lassen, Orangensaft und Balsamessig unterrühren. Alles etwas abkühlen lassen. Dann nach und nach das Öl darunter schlagen und das Dressing mit Salz, Pfeffer sowie Zucker süßsäuerlich abschmecken.

**5.** Die Zitronenmelisse waschen, trockentupfen und die Blätter von den Stielen zupfen. Die Blätter fein hacken und unter das Dressing rühren. Den Salat damit beträufeln.

## Tipps

Übrig gebliebene Salatblätter halten sich, luftdicht verschlossen, im Kühlschrank 1–2 Tage frisch.

Die Orangenmarmelade lässt sich in Sekundenschnelle in der Mikrowelle verflüssigen.

**preiswert ✓**
**vegetarisch ✓**
raffiniert
**für Kids ✓**
Picknick
**schnell ✓**
**< 300 kcal ✓**
ACE-Power

**Für 4 Personen**

- Zubereitungszeit: ca. 30 Min.
- ca. 120 kcal je Portion

# Grüner Salat mit Radieschen

250 g Endiviensalat • 100 g Feldsalat
2 Bund Radieschen • 300 g Rettich
2 Frühlingszwiebeln • 2 EL Weißweinessig • 1 EL Limettensaft • 4 EL Maiskeimöl • etwas Salz • etwas schwarzer Pfeffer aus der Mühle
4 Zweige Basilikum

**1.** Den Endiviensalat putzen, in etwa 3 cm lange Streifen schneiden, waschen und gut trockenschütteln. Den Feldsalat putzen, dabei die Pflänzchen ganz lassen. Den Feldsalat anschließend ebenfalls gründlich waschen und trockenschütteln.

**2.** Radieschen sowie Rettich putzen, waschen, trockenreiben und in dünne Scheibchen schneiden. Die Rettichscheiben noch einmal halbieren. Beides mit den anderen vorbereiteten Salatzutaten auf Tellern oder in einer Schüssel anrichten.

**3.** Frühlingszwiebeln putzen, waschen, trockentupfen und in feine Ringe schneiden. Die Zwiebeln in eine Schüssel geben und mit Essig und Limettensaft verrühren. Nach und nach das Öl darunter rühren und alles mit Salz, Pfeffer sowie Zucker abschmecken.

**4.** Das Basilikum abspülen und trockentupfen. Die Blätter von den Stielen zupfen, fein hacken und unter das Dressing rühren. Das Dressing auf den Salat träufeln und vorsichtig unterheben.

## Tipp

Endiviensalat bildet keinen echten „Kopf", sondern eine große, platte Rosette. Am besten kaufen Sie Exemplare mit einem möglichst großen, gelben Herzteil, weil der Salat dann am zartesten ist.

**preiswert ✓**
**vegetarisch ✓**
raffiniert
**für Kids ✓**
Picknick
schnell
**< 300 kcal ✓**
ACE-Power

**Für 4 Personen**

- Zubereitungszeit: ca. 40 Min.
- ca. 120 kcal je Portion

# Blattsalat mit Shiitake-Pilzen

preiswert
**vegetarisch ✓**
**raffiniert ✓**
für Kids
Picknick
**schnell ✓**
**< 300 kcal ✓**
ACE-Power

**Für 4 Personen**

- Zubereitungszeit: ca. 30 Min.
- ca. 220 kcal je Portion

200 g Bataviasalat • 100 g Eichblattsalat
100 g Feldsalat
400 g frische Shiitake-Pilze
6 EL Erdnussöl • 2 EL helle Sojasauce • etwas Salz • etwas schwarzer Pfeffer aus der Mühle
30 g ungesalzene Erdnusskerne • 3 EL Weißweinessig • 1 Msp. Sambal Oelek

**1.** Den Batavia- und den Eichblattsalat putzen, waschen und in mundgerechte Stücke zupfen. Dabei die Strunkansätze und feste Blattrippen entfernen.

**2.** Den Feldsalat putzen, dabei die Pflänzchen ganz lassen, waschen und trockenschütteln.

**3.** Die Shiitake-Pilze putzen, kalt abspülen und trockentupfen. Die Pilze dann in mundgerechte Stücke schneiden.

**4.** Anschließend 1 EL Erdnussöl in einer Pfanne erhitzen. Die Pilze darin etwa 5 Minuten unter Wenden von allen Seiten anbraten und mit Sojasauce, Salz sowie Pfeffer würzen. Die Pilze in ein Sieb geben und den Pilzsud auffangen. Die Shiitake-Pilze in eine Salatschüssel geben.

**5.** Die Erdnusskerne fein pürieren und mit dem Sojasud, dem Weißweinessig und dem restlichen Erdnussöl verquirlen. Alles mit Sambal Oelek pikant abschmecken.

**6.** Das Erdnussdressing über den Salat träufeln und sorgfältig darunter mischen.

## Tipps

Anstelle der Shiitake-Pilze können Sie auch Austernpilze oder braune Champignons nehmen.

Natürlich können Sie sich bei der Auswahl der Salate ganz nach dem Marktangebot richten. Sehr gut schmeckt auch eine Kombination aus Löwenzahn, Lollo rosso und Kopfsalat.

## Shiitake-Pilze

Shiitake, zu Deutsch Winterpilze, stammen aus Japan und China. Sie wachsen dort auf Eichenholz, Kiefernholz und Buchenstämmen in Wäldern oder werden auf Holzspänen gezüchtet. Schenkt man der Überlieferung Glauben, wurden sie bereits vor 2000 Jahren in China gezüchtet. An der Zuchtmethode hat sich seitdem kaum etwas verändert. Shiitake sind fleischig, voll im Geschmack, reich an Eiweiß und Mineralstoffen – außerdem werden ihnen aphrodisische Eigenschaften nachgesagt.

# Feldsalat mit Champignons und Räucherlachs

500 g grüner Spargel • etwas Salz
4 Wachteleier
1 Bund glatte Petersilie • 2 Schalotten
2 EL Zitronensaft • 2 EL Weißweinessig • etwas schwarzer Pfeffer aus der Mühle • etwas geriebene Muskatnuss • 6 EL Traubenkernöl
250 g braune Champignons
250 g Feldsalat
200 g Räucherlachs

preiswert
vegetarisch
**raffiniert ✓**
für Kids
Picknick
schnell
**< 300 kcal ✓**
**ACE-Power ✓**

**Für 4 Personen**

- Zubereitungszeit: ca. 1 ¼ Std.
- ca. 290 kcal je Portion

**1.** Den Spargel waschen, das untere Drittel schälen, in mundgerechte Stücke schneiden und in viel Salzwasser 10–15 Minuten knapp gar kochen, abtropfen und abkühlen lassen.

**2.** Die Wachteleier in etwa 5 Minuten hart kochen, abschrecken, pellen und halbieren.

**3.** Petersilie kalt abspülen und trockentupfen. Schalotten schälen. Beides fein hacken.

**4.** Den Zitronensaft mit Essig, Salz, Pfeffer und Muskatnuss in einer kleinen Schale verrühren. Alles mit dem Öl verquirlen. Die Schalotten sowie die Kräuter darunter rühren und die Marinade kalt stellen.

**5.** Die Champignons putzen, mit Küchenkrepp säubern und in dünne Scheiben schneiden. Diese mit der Marinade begießen und im Kühlschrank etwas durchziehen lassen.

**6.** Den Feldsalat putzen. Dabei die Pflänzchen ganz lassen. Den Salat waschen und trockenschütteln.

**7.** Den Räucherlachs, wenn nötig, entgräten, häuten und in etwa 3 mm dünne Streifen schneiden. Alle vorbereiteten Zutaten mit den Champignons und der Marinade in einer Salatschüssel vermischen. Den Salat mit den Wachteleierhälften garnieren.

| | |
|---|---|
| preiswert | |
| vegetarisch | |
| **raffiniert** | ✓ |
| für Kids | |
| Picknick | |
| schnell | |
| **< 300 kcal** | ✓ |
| ACE-Power | |

# Papaya-Garnelen-Salat

500 g Riesengarnelen • etwas Salz
2 Papayas à 200 g
1 Salatgurke • 50 g ungesalzene Pinienkerne
1 Friséesalat
3 EL Limettensaft • 2 EL brauner Zucker •
2 EL Fischsauce • ½ TL chinesische Chilisauce •
½ TL geriebener Ingwer
½ Bund Koriandergrün

**1.** Garnelen am Rücken einschneiden, den Darm entfernen, Etwa 2 Minuten in Salzwasser blanchieren, kalt abspülen, abtropfen lassen und in nicht zu kleine Stücke schneiden.

**2.** Die Papayas schälen, halbieren und die Kerne mit einem Löffel herauslösen. Das Fruchtfleisch in Würfel schneiden.

**3.** Die Gurke schälen, entkernen und in kleine Stifte schneiden. Dann die Pinienkerne in einer trockenen Pfanne bei mittlerer Hitze hellbraun rösten.

**4.** Den Friséesalat putzen. Die Blätter ablösen, waschen und trockenschütteln. Strunkansätze und feste Blattrippen entfernen. Alle vorbereiteten Salatzutaten mischen und auf Tellern anrichten.

**5.** Den Limettensaft mit dem Zucker verrühren, bis sich der Zucker ganz aufgelöst hat. Fisch- und Chilisauce sowie den geriebenen Ingwer darunter rühren.

**6.** Die Korianderblätter von den Stielen zupfen, kalt abwaschen, trockentupfen und fein hacken. Das Koriandergrün unter die Marinade rühren. Abschließend die Marinade über den Salat träufeln, vorsichtig unterheben und alles noch einige Minuten durchziehen lassen.

**Für 4 Personen**

- Zubereitungszeit: ca. 50 Min.
- ca. 300 kcal je Portion

# Gemischter Krabbensalat

- preiswert
- vegetarisch
- **raffiniert ✓**
- für Kids
- **Picknick ✓**
- **schnell ✓**
- **< 300 kcal ✓**
- ACE-Power

**Für 4 Personen**

- Zubereitungszeit: ca. 30 Min.
- Zeit zum Durchziehen: ca. 1 Std.
- ca. 180 kcal je Portion

4 Frühlingszwiebeln • 1 Knoblauchzehe
4 kleine Tomaten
1 Salatgurke • 1 eingelegte Jalapeño-Chilischote
300 g Nordseekrabbenfleisch • 1 EL Zitronensaft • etwas Tabascosauce
2 Zweige Koriandergrün
3 EL Olivenöl • 2 EL Weißweinessig • etwas Salz • etwas schwarzer Pfeffer aus der Mühle

**1.** Die Frühlingszwiebeln putzen, waschen, trockentupfen und klein schneiden. Einen Teil des Grüns entfernen und fein hacken. Die Knoblauchzehe schälen und fein würfeln.

**2.** Die Tomaten über Kreuz einritzen, kurz heiß überbrühen, abschrecken und enthäuten. Die Tomaten von den Stielansätzen befreien, entkernen und in sehr kleine Würfel schneiden.

**3.** Die Salatgurke schälen, der Länge nach halbieren und mit einem Löffel entkernen. Dann die Gurke in kleine Würfel schneiden. Die Chilischote der Länge nach halbieren, ebenfalls entkernen und fein würfeln. Wenn man nicht mit Haushaltshandschuhen arbeitet, danach sofort die Hände waschen.

**4.** Die Krabben mit Küchenkrepp trockentupfen. Dann die Krabben mit dem Zitronensaft und einigen Spritzern Tabascosauce in eine Schüssel geben. Alles gründlich miteinander vermengen.

**5.** Das Koriandergrün waschen und trockentupfen. Die Blätter von den Stielen zupfen und grob hacken.

**6.** Die Frühlingszwiebeln, die Korianderblätter, die Knoblauchzehe sowie die Tomaten-, Gurken- und Chilischotenwürfel unter die Krabben heben.

**7.** Öl und Essig verrühren und mit Salz und Pfeffer abschmecken. Nun das Dressing über den Krabbensalat gießen. Den Salat mit Klarsichtfolie bedecken und im Kühlschrank etwa 1 Stunde durchziehen lassen.

## Tipps

Der gemischte Krabbensalat schmeckt noch intensiver, wenn Sie ihn mehrere Stunden durchziehen lassen.

Wenn Sie den Krabbensalat besonders scharf lieben, schmecken Sie ihn kurz vor dem Servieren nochmals mit ein paar Tropfen Tabascosauce kräftig ab.

Statt der würzig-scharfen Jalapeño-Chilischote können Sie auch kleine grüne oder rote Chilischoten nehmen.

# Wirsingsalat mit Lamm

300 g Lammfilet • etwas Salz • etwas schwarzer Pfeffer aus der Mühle • 2 EL Butterschmalz
750 g Wirsing
150 g durchwachsener Speck, in sehr dünnen Scheiben
3 EL Weißweinessig • Saft von 1 Zitrone • 2 EL Walnussöl • 3 EL Sonnenblumenöl
1/2 Bund glatte Petersilie • 3 EL gehackte Walnusskerne

preiswert
vegetarisch
**raffiniert ✓**
für Kids
**Picknick ✓**
schnell
< 300 kcal
ACE-Power

**Für 4 Personen**

- Zubereitungszeit: ca. 1 1/4 Std.
- ca. 590 kcal je Portion

**1.** Das Lammfilet kalt abwaschen, trockentupfen und mit Salz und Pfeffer einreiben. Das Filet im heißen Butterschmalz 10–12 Minuten von allen Seiten durchbraten, kurz ruhen lassen und in Scheiben schneiden.

**2.** Vom Wirsing die großen, dunklen Außenblätter abnehmen und beiseite legen. Den Strunk herausschneiden und den Kohlkopf in kochendem Salzwasser 6–8 Minuten garen. Den Kohl sofort eiskalt abschrecken und sehr gut abtropfen lassen.

**3.** Die Blätter nach und nach ablösen. Die dicken Blattrippen entfernen und die Blätter in feine Streifen schneiden.

**4.** Den Speck in einer beschichteten Pfanne ohne Fett knusprig ausbraten. Den Speck auf Küchenkrepp entfetten, dann in Streifen schneiden und mit den Wirsingstreifen sowie den Filetscheiben vermischen.

**5.** Essig und Zitronensaft in einer kleinen Schale verrühren, das Öl darunter schlagen und alles salzen und pfeffern.

**6.** Petersilie kalt abwaschen, trockentupfen, fein hacken und mit den Nüssen in die Vinaigrette rühren. Diese über den Salat träufeln und alles einige Minuten durchziehen lassen.

# Rinderfiletsalat mit Mango

300 g Rinderfilet • 1 EL Sonnenblumenöl • etwas Salz • etwas schwarzer Pfeffer aus der Mühle
250 g reife Mangos
3 Kiwis • 3 EL Sesamsamen
4 EL Weißweinessig • etwas gemahlenes Piment • 1 EL Mango-Chutney • 4 EL Erdnussöl

**1.** Das Filet kalt abwaschen und trockentupfen. Das Öl in einer Pfanne sehr heiß werden lassen und das Fleisch von beiden Seiten je 1 Minute anbraten; salzen und pfeffern. Dann das Fleisch von jeder Seite 7–8 Minuten weiterbraten. Das Filet herausnehmen, in Alufolie einwickeln, darin etwa 10 Minuten ruhen lassen und in schmale Streifen schneiden.

**2.** Die Mangos mit einem scharfen Küchenmesser schälen. Das Fruchtfleisch von den Kernen schneiden und dann in schmale Spalten teilen.

**3.** Die Kiwis schälen, halbieren und die Hälften in nicht zu dünne Scheiben schneiden. Die Sesamsamen in einer trockenen Pfanne goldbraun rösten. Alle vorbereiteten Salatzutaten in einer großen Schüssel vermischen.

**4.** Den Essig mit etwas Salz, Pfeffer, Piment und dem Mango-Chutney in einer Schale verrühren. Das Erdnussöl unterschlagen. Die Salatsauce über den Salat träufeln und vorsichtig unterheben. Den Salat mit den Sesamsamen bestreuen.

## Tipp

Mangos sind reif, wenn das Fruchtfleisch auf leichten Druck nachgibt. Zudem verströmen sie einen aromatischen Duft. Unreife Früchte reifen bei Zimmertemperatur in etwa 1 Woche nach.

- preiswert
- vegetarisch
- **raffiniert ✓**
- für Kids
- Picknick
- schnell
- **< 300 kcal ✓**
- **ACE-Power ✓**

**Für 4 Personen**

- Zubereitungszeit: ca. 45 Min.
- ca. 300 kcal je Portion

# Reisnudelsalat

- **preiswert ✓**
- vegetarisch
- **raffiniert ✓**
- für Kids
- Picknick
- schnell
- < 300 kcal
- ACE-Power

**Für 4 Personen**

- Zubereitungszeit: ca. 1 1/2 Std.
- ca. 350 kcal je Portion

125 g chinesische Reisnudeln
3 EL helle Sojasauce • 1 TL chinesische Chilisauce •
3 EL Reisweinessig • 6 EL Erdnussöl • 2 EL Sesamöl
400 g Hähnchenbrustfilet • etwas Salz •
etwas weißer Pfeffer aus der Mühle
1 kleiner Eisbergsalat
1/2 Bund Frühlingszwiebeln • 3 cm Ingwerknolle •
50 g Cashewnüsse
einige Zweige Koriandergrün

**1.** Die Reisnudeln in heißes Wasser legen und darin etwa 15 Minuten einweichen. Danach die Nudeln noch etwa 5 Minuten in kaltes Wasser legen. Dann das Wasser abgießen und die Reisnudeln auf Küchenkrepp leicht antrocknen lassen.

**2.** Sojasauce, Chilisauce, Reisweinessig, 3 EL Erdnussöl und Sesamöl verrühren und alles etwa 15 Minuten durchziehen lassen.

**3.** Die Hähnchenbrustfilets kalt abwaschen, mit Küchenkrepp trockentupfen und in feine Streifen schneiden. Etwa 1 1/2 EL Erdnussöl in einer großen Pfanne oder einem Wok erhitzen, das Hähnchenfleisch darin portionsweise unter ständigem Rühren braten. Das Fleisch herausnehmen und mit Salz sowie Pfeffer würzen und kalt stellen.

**4.** Den Eisbergsalat putzen und die Blätter ablösen. Dabei die Strunkansätze und feste Blattrippen entfernen. Die Blätter waschen, trockenschütteln und dann in feine Streifen schneiden.

**5.** Die Frühlingszwiebeln putzen, waschen und schräg in Ringe schneiden. Die Ingwerknolle schälen und mit den Nüssen fein hacken.

**6.** Das restliche Erdnussöl in einer Pfanne erhitzen und die vorbereiteten Reisnudeln darin bei große Hitze etwa 2 Minuten unter Rühren braten. Das Ganze abkühlen lassen.

**7.** Die Nudeln, die Salatstreifen, die Frühlingszwiebeln und das Hähnchenfleisch in einer großen Schüssel vermischen. Nun das Dressing darüber gießen, gut untermischen und alles mit den Nüssen und dem Ingwer bestreuen.

**8.** Die Korianderblätter von den Stielen zupfen, waschen, trockenschütteln und fein hacken. Zum Schluss das Koriandergrün auf den Salat streuen.

## Variation

Wenn einem diese chinesische Sauce zu feurig ist, kann man sie durch die folgende Currymayonnaise ersetzen. Sie hält sich im Kühlschrank mehrere Wochen: 1 feingehackte Zwiebel in 1 EL Sonnenblumenöl glasig braten. 1 EL Currypulver hineingeben und alles etwa 2 Minuten unter Rühren anbraten. 1 TL Tomatenpüree, 1 EL Aprikosenkonfitüre und 120 ml Rotwein, 50 ml Wasser, 1 Lorbeerblatt und etwas abgeriebene Zitronenschale hineingeben. Alles aufkochen lassen und bei schwacher Hitze etwa 15 Minuten kochen lassen. Die Sauce durchsieben und abkühlen lassen. 2 TL abgekühlte Curryessenz mit 300 g Mayonnaise mischen und alles unter den Salat heben.

油椒
CHILLI
不粘锅专用铲

# Chefsalat

**preiswert ✓**
vegetarisch
raffiniert
**für Kids ✓**
Picknick
**schnell ✓**
< 300 kcal
**ACE-Power ✓**

**Für 4 Personen**

- Zubereitungszeit: ca. 30 Min.
- ca. 520 kcal je Portion

2 frische Eier • 1 Eisbergsalat
4 Tomaten • 1/4 Salatgurke (ca. 150 g) •
8 mit Paprika gefüllte grüne Oliven
150 g gekochter Schinken • 150 g Emmentaler
125 g Salatmayonnaise • 2 EL Öl • 1 EL Weinessig •
etwas Salz • etwas schwarzer Pfeffer aus der Mühle
2 EL gehackte Petersilie

**1.** Die Eier in etwa 10 Minuten hart kochen und dann kalt abschrecken. Inzwischen den Eisbergsalat putzen, nun die Blätter waschen, trockenschütteln und in mundgerechte Stücke zupfen.

**2.** Die Tomaten waschen, trockenreiben, vierteln und die Stielansätze entfernen. Die Gurke schälen und dann in dünne Scheiben schneiden. Die Oliven abtropfen lassen und ebenfalls in dünne Scheiben schneiden.

**3.** Eisbergsalat, Tomatenviertel, Gurken- und Olivenscheiben in einer Salatschüssel vermengen.

**4.** Den Schinken und den Käse in feine Streifen schneiden und unter den Salat mischen. Die Eier pellen und vierteln.

**5.** Die Salatmayonnaise mit dem Öl und dem Essig verrühren, mit Salz sowie Pfeffer abschmecken und unter die Salatzutaten heben. Alles mit den Eivierteln und der gehackten Petersilie garnieren.

## Tipps

Den Salat können Sie zusätzlich noch mit dünnen Radieschenscheiben vermischen.

Sehr pikant schmeckt auch ein Dressing aus 1/8 l Weißweinessig, 1 TL Zucker, Salz, schwarzem Pfeffer und etwas Worcestersauce.

preiswert

vegetarisch

**raffiniert ✓**

für Kids

Picknick

schnell

< 300 kcal

**ACE-Power ✓**

# Thailändischer Drei-Freunde-Salat

200 g Schweineschnitzel •
200 g Hähnchenbrustfilet • 6 EL Erdnussöl
200 g ungeschälte Riesengarnelen
200 g Möhren • 300 g Weißkohl
½ Eisbergsalat
3 EL geröstete Currypaste • 3 EL thailändische Fischsauce • 3 EL Palmzucker • 1 EL Zitronensaft • 50 g fein gehackte Cashewnüsse

**1.** Das Schweine- und das Hähnchenfleisch kalt abwaschen, mit Küchenkrepp trockentupfen und in etwa 3 cm lange und 1 cm breite Streifen schneiden. Das Fleisch getrennt in je 2 EL Öl bei mittlerer Hitze etwa 3 Minuten braten und dann herausnehmen.

**2.** Die Garnelen kalt abwaschen, schälen, den Rücken der Länge nach aufschneiden und den Darm entfernen. Die Garnelen im restlichen Öl 1–2 Minuten braten und danach etwas abkühlen lassen.

**3.** Die Möhren schälen, den Weißkohl waschen und putzen. Dabei den Strunkansatz entfernen. Beides sehr fein raspeln.

**4.** Den Eisbergsalat putzen. Die Blätter ablösen, waschen, trockenschütteln und eine große Salatschüssel damit auslegen. Die vorbereiteten Zutaten darin vermischen.

**5.** Die Currypaste mit der Fischsauce und dem Zucker gut verrühren, einmal aufkochen lassen und vom Herd nehmen. Zitronensaft und Nüsse unterrühren. Die Sauce etwas abkühlen lassen, danach auf den Salat gießen und vorsichtig unterheben.

## Tipp

Die etwas exotischeren Zutaten erhalten Sie in asiatischen Läden. Verlangen Sie bei der Currypaste ausdrücklich Naam Prik Pao.

**Für 4 Personen**

- Zubereitungszeit: ca. 1 Std.
- ca. 430 kcal je Portion

# Pazifischer Gemüsesalat

**preiswert ✓**
vegetarisch
**raffiniert ✓**
für Kids
Picknick
schnell
< 300 kcal
ACE-Power

**Für 4 Personen**

- Zubereitungszeit: ca. 1 1/4 Std.
- ca. 380 kcal je Portion

100 g Zuckerschoten
250 g Kartoffeln • etwas Salz
2 Hähnchenbrustfilets à 150 g • etwas weißer Pfeffer aus der Mühle • 1 EL Öl
1 Salatgurke • 300 g Weißkohl
3 rote Chilischoten • 3 Schalotten • 1 Knoblauchzehe • 125 g geröstete Erdnüsse
3 EL Erdnussöl • 75 ml Kokosnusscreme (Dose) • Saft von 1 Limette

**1.** Die Zuckerschoten putzen, waschen und in Salzwasser etwa 2 Minuten blanchieren. Danach die Zuckerschoten eiskalt abschrecken, abtropfen lassen und in mundgerechte Stücke brechen.

**2.** Die Kartoffeln schälen, waschen und zuerst in dünne Scheiben, dann in Stifte schneiden. Die Kartoffeln in Salzwasser in 8–10 Minuten bissfest garen. Abtropfen und abkühlen lassen.

**3.** Die Hähnchenbrustfilets kalt abwaschen, mit Küchenkrepp trockentupfen, salzen und pfeffern. Das Fleisch im heißen Öl von jeder Seite etwa 5 Minuten durchbraten, dann abkühlen lassen und in Streifen schneiden.

**4.** Die Salatgurke schälen, längs halbieren, entkernen und zuerst in etwa 4 cm lange Stücke, dann in Stifte schneiden. Den Kohl putzen und waschen. Den Strunkansatz herausschneiden und die Blätter in feine Streifen schneiden. Die Blätter in kochendem Salzwasser etwa 3 Minuten blanchieren, eiskalt abschrecken und gut abtropfen lassen. Die Kohlbätter beiseite legen.

**5.** Die Chilischoten waschen, trockenreiben, der Länge nach aufschneiden, entkernen und fein hacken. Wenn man nicht mit Haushaltshandschuhen arbeitet, danach sofort die Hände waschen. Schalotten sowie Knoblauch schälen und mit den Erdnüssen fein hacken.

**6.** Das Erdnussöl erhitzen. Chilis, Knoblauch und Schalotten darin andünsten. Dann die Kokoscreme hinzufügen. Alles erwärmen, aber nicht kochen lassen. Die Salatsauce mit Salz und Limettensaft abschmecken und auskühlen lassen.

**7.** Die vorbereiteten Salatzutaten in einer großen Salatschüssel vermischen. Das Dressing auf den Salat gießen und vorsichtig darunter heben.

## Tipps

Nehmen Sie anstelle der Kartoffeln die gleiche Menge gewürfelte, frische Papaya.

Probieren Sie auch folgendes Mangodressing: 2 reife Mangos schälen, in Stücke schneiden und pürieren. Das Püree mit 1 EL eingelegten grünen Pfefferkörnern, Salz, Pfeffer und Cayennepfeffer abschmecken.

# Ungarischer Paprikasalat

| |
|---|
| 1 Kopf Kopfsalat |
| je 1 rote, grüne und gelbe Paprikaschote |
| 4 Frühlingszwiebeln • 1 rote Chilischote |
| 100 g Salami, in hauchdünnen Scheiben |
| 3 EL Rotweinessig • etwas Salz • 1 TL scharfer Senf • etwas Cayennepfeffer • 6 EL Sonnenblumenöl |
| 1/2 Bund krause Petersilie |

**1.** Den Kopfsalat putzen. Die Blätter ablösen, dicke Blattrippen entfernen. Die Blätter waschen, trockenschütteln und in mundgerechte Stücke zupfen.

**2.** Die Paprikaschoten waschen, trockenreiben, putzen, halbieren, entkernen und das Fruchtfleisch in kleine Würfel schneiden.

**3.** Die Frühlingszwiebeln putzen, das Grün bis auf 5 cm abschneiden. Die Zwiebeln waschen, trockentupfen und sehr fein hacken. Die Chilischote längs halbieren, entkernen, und sehr fein hacken.

**4.** Die Salami häuten und in Streifen schneiden. Salami, Kopfsalat, Paprikawürfel und Zwiebeln in einer Salatschüssel vermischen.

**5.** Essig, Salz, Senf und Pfeffer verrühren. Das Öl langsam zugeben und alles glatt rühren. Die Chiliwürfel untermischen. Das Dressing auf den Salat gießen und unterheben.

**6.** Die Petersilie von den Stielen zupfen, waschen, trockentupfen, fein hacken und über den Salat streuen. Den Salat vor dem Servieren 10 Minuten durchziehen lassen.

## Tipp

Noch feuriger wird der Salat, wenn Sie ihn mit selbst gemachtem Chiliöl anmachen. Dafür 4 fein gehackte, entkernte Chilischoten mit 1/8 l neutralem Öl in eine Flasche füllen und 3 Monate bei Raumtemperatur im Dunklen durchziehen lassen.

**preiswert ✓**
vegetarisch
raffiniert
**für Kids ✓**
Picknick
**schnell ✓**
< 300 kcal
**ACE-Power ✓**

**Für 4 Personen**

- Zubereitungszeit: ca. 30 Min.
- ca. 310 kcal je Portion

preisswert
vegetarisch
**raffiniert ✓**
für Kids
Picknick
**schnell ✓**
< 300 kcal
ACE-Power

# Malayischer Geflügelsalat

**Für 4 Personen**

- Zubereitungszeit: ca. 30 Min.
- ca. 390 kcal je Portion

| |
|---|
| 800 g Hähnchenbrustfilet • 4 EL Öl • etwas Salz • etwas schwarzer Pfeffer aus der Mühle |
| 1 Salatgurke |
| 1 Bund Frühlingszwiebeln • 2 cm Ingwerknolle • 1 grüne Chilischote • 2 rote Chilischoten |
| 250 ml Kokosmilch (Dose) • 2 EL Palmzucker • 1 EL Garnelenpaste |
| 1/2 Bund Minze |

**1.** Das Fleisch kalt abwaschen, trockentupfen und in 3 cm lange und 1 cm breite Streifen schneiden. Das Öl in einer Pfanne erhitzen und das Fleisch darin bei mittlerer Hitze etwa 3 Minuten braten, salzen und pfeffern. Das Fleisch herausnehmen, abkühlen lassen.

**2.** Die Salatgurke waschen, schälen, längs halbieren und zuerst in 3 cm lange Stücke, dann in Stifte schneiden.

**3.** Die Frühlingszwiebeln putzen, das Grün bis auf 5 cm abschneiden. Die Zwiebeln waschen, trockentupfen und sehr fein hacken. Den Ingwer schälen und fein hacken. Die Chilischoten waschen, längs einritzen, entkernen und ebenfalls sehr fein hacken.

**4.** Anschließend das Fleisch mit den Gurkenstiften, den Frühlingszwiebeln, dem Ingwer und den Chilischoten in einer Salatschüssel vermischen.

**5.** Die Kokosmilch mit dem Palmzucker und der Garnelenpaste verrühren und mit Salz pikant abschmecken. Diese Mischung über den Salat träufeln und untermischen.

**6.** Die Minzblättchen von den Stielen zupfen, waschen, trockentupfen und sehr fein hacken. Zum Schluss die Minze auf den Salat streuen.

# Türkischer Spinatsalat

preiswert
**vegetarisch ✓**
**raffiniert ✓**
für Kids
Picknick
**schnell ✓**
**< 300 kcal ✓**
ACE-Power

**Für 4 Personen**

- Zubereitungszeit: ca. 35 Min.
- ca. 190 kcal je Portion

3 Scheiben Toastbrot • 1 Schalotte
2–3 EL Sonnenblumenöl • 1 Knoblauchzehe
1 TL Paprikapulver, edelsüß • ½ TL dunkles Chilipulver • 1 Msp. schwarzer Pfeffer • 1 Msp. weißer Pfeffer • 1 Msp. gem. Kreuzkümmel • 1 Prise Salz
50 g Joghurt • 2 EL Dijonsenf • 2 EL Limettensaft • 1 EL Balsamessig • 1 Spritzer Tabasco • 50 ml Gemüsebrühe (Instant)
500 g frischer Spinat
1 rote Zwiebel
3–4 EL Haselnüsse

**1.** Das Toastbrot entrinden und in kleine Würfel schneiden. Die Schalotte schälen und sehr fein hacken.

**2.** In einer kleinen Pfanne das Öl erhitzen, die Schalotte darin unter Rühren anbraten. Den Knoblauch schälen und durch die Presse dazudrücken. Die Brotwürfel hinzufügen und goldbraun rösten. Die Croûtons aus der Pfanne nehmen und die Pfanne mit den Schalottenwürfeln vom Herd nehmen.

**3.** Paprika- und Chilipulver, Pfeffer, Kreuzkümmel zu den Schalottenwürfeln in die Pfanne geben und alles vermischen.

**4.** Zuletzt Joghurt, Senf, Limettensaft, Essig, Tabasco und die Gemüsebrühe einrühren.

**5.** Den Spinat verlesen, gut waschen, in einem Sieb abtropfen lassen. Die Stiele entfernen und wegwerfen, große Blätter etwas kleiner zupfen. Die Blätter in eine große Salatschüssel geben.

**6.** Die Zwiebel schälen und in dünne Scheiben schneiden, zum Spinat geben.

**7.** Die Haselnüsse in einer weiteren heißen Pfanne trocken unter Wenden goldbraun rösten, im Blitzhacker nicht zu fein hacken und ebenfalls zum Spinat geben.

**8.** Alles vermischen, die Sauce über den Salat gießen und vorsichtig unterheben.

**9.** Den Salat auf 4 Teller verteilen und mit den Croûtons bestreuen.

## Tipps

Statt mit Spinat können Sie diesen Salat auch mit Rucola zubereiten.

Kaufen Sie rote Zwiebeln nur in kleinen Mengen, denn sie lassen sich nur kurze Zeit lagern.

Anstelle von Haselnüssen können Sie auch gehackte Mandeln rösten und über den Salat streuen.

## Kreuzkümmel

Kreuzkümmel ähnelt im Aussehen dem normalen Kümmel, außer dass er etwas heller ist. Er riecht leicht aufdringlich, schmeckt aromatisch würzig und etwas bitter. Er wird heute vor allem in der Türkei, im Iran sowie in Indien, Nordafrika und China angebaut und ist in diesen Küchen zu Hause.

# Panzanella

| |
|---|
| 750 g vollreife Eiertomaten • etwas Salz • etwas schwarzer Pfeffer aus der Mühle |
| 3 Sardellenfilets • 1 Bund Frühlingszwiebeln |
| 4 dicke Scheiben italienisches Weißbrot • |
| 2 Knoblauchzehen • 1/2 Bund Basilikum |
| 6 EL Weißwein • 3 EL Balsamessig |
| 6 EL Olivenöl |

**1.** Die Tomaten waschen, trockenreiben, in Scheiben schneiden und die Stielansätze entfernen. Die Scheiben mit Salz und Pfeffer bestreuen und zugedeckt Saft ziehen lassen.

**2.** Nun die Sardellenfilets kalt abwaschen, trockentupfen und sehr fein hacken. Dann die Frühlingszwiebeln putzen, dabei das Grün bis auf 5 cm abschneiden. Die Zwiebeln waschen, trockentupfen und fein hacken.

**3.** Die Brotscheiben würfeln. Knoblauch schälen und durchpressen. Die Basilikumblätter von den Stielen zupfen, waschen, trockentupfen und in feine Streifen schneiden.

**4.** Das Brot in eine Schüssel geben. Knoblauch mit Weißwein und 1 EL Balsamessig verrühren und auf die Brotwürfel gießen.

**5.** Die Tomatenscheiben auf Tellern anrichten. Den restlichen Essig mit dem Tomatensaft, den Sardellenfilets, dem Basilikum und den Zwiebeln verrühren und auf die Tomaten geben. Die Brotwürfel zugeben. Alles mit Öl beträufeln, salzen und pfeffern.

## Tipp

Panzanella ist ein altes Bauernrezept. Früher tränkte man Brotreste mit Wein und gab Tomaten dazu. Heute wird der Salat durch Zutaten wie Zucchini, Staudensellerie oder Peperoni variiert.

**preiswert ✓**
vegetarisch
raffiniert
für Kids
**Picknick ✓**
**schnell ✓**
**< 300 kcal ✓**
ACE-Power

**Für 4 Personen**

- Zubereitungszeit: ca. 30 Min.
- ca. 250 kcal je Portion

# Libanesischer Salat

2 Kolben Chicorée
1 Kopf Römersalat • 1 Kästchen Brunnenkresse
3 EL Zitronensaft • 100 ml Olivenöl •
1 TL abgeriebene Zitronenschale
1 Frühlingszwiebel
4 EL Pistazienkerne • etwas Salz •
etwas schwarzer Pfeffer aus der Mühle

**1.** Den bitteren Strunk keilförmig aus den Chicoréekolben herausschneiden. Die Blätter voneinander lösen, kurz in lauwarmem Wasser waschen und dann trockenschütteln.

**2.** Den Römersalat putzen. Die Blätter ablösen, waschen, trockenschütteln und in kleine Stücke zupfen. Strunkansätze und feste Blattrippen entfernen. Die Kresse waschen, trockentupfen und entstielen.

**3.** Die Chicoréeblätter am Rand einer flachen Schüssel kreisförmig anrichten. In die Mitte dekorativ den Römersalat und die Brunnenkresse geben.

**4.** Zitronensaft und Olivenöl verschlagen. Die Zitronenschale unterrühren.

**5.** Die Frühlingszwiebeln putzen, das Grün bis auf 5 cm abschneiden. Die Zwiebeln waschen, trockentupfen und sehr fein hacken.

**6.** Die Pistazien sehr fein hacken, in einen Mörser geben und zu einer Paste zerstoßen. Diese mit den Zwiebeln unter das Zitronenöl rühren und mit Salz und Pfeffer würzen. Das Dressing auf den Salat träufeln und vorsichtig unterheben.

## Tipp

Das Dressing hält sich in einem Glas mit Schraubverschluss mindestens 3 Tage im Kühlschrank.

**preiswert ✓**
**vegetarisch ✓**
raffiniert
für Kids
Picknick
schnell
**< 300 kcal ✓**
ACE-Power

**Für 4 Personen**

- Zubereitungszeit: ca. 40 Min.
- ca. 290 kcal je Portion

# Frühlingsrollen auf dem Gemüsebett

**preiswert ✓**
vegetarisch
**raffiniert ✓**
**für Kids ✓**
Picknick
schnell
**< 300 kcal ✓**
ACE-Power

**Für 4 Personen**

- Zubereitungszeit: ca. 1 Std.
- ca. 290 kcal je Portion

12 TK-Frühlingsrollenblätter • 60 g Glasnudeln • 200 g gekochter Schinken
3 Bund Frühlingszwiebeln • 1 Möhre
100 g frische Sojabohnensprossen • 1 mittelgroßer Kopf Chinakohl
2 Knoblauchzehen • 2 EL Öl • 4 EL helle Sojasauce
1 EL Zucker • 2 EL Weißweinessig • etwas schwarzer Pfeffer aus der Mühle • 3 EL dunkle Sojasauce • 1 ½ EL Sesamöl • etwas Salz
1 l Öl zum Frittieren

**1.** Die Teigblätter bei Zimmertemperatur auftauen lassen. Die Glasnudeln in eine Schüssel geben, mit kochendem Wasser übergießen und in etwa 10 Minuten weich werden lassen. Dann abgießen, abtropfen lassen und mit der Schere in mundgerechte Stücke schneiden. Den Schinken in kleine Würfel schneiden.

**2.** Die Frühlingszwiebeln putzen, waschen, trockentupfen und in feine Ringe schneiden. Die Möhre waschen, putzen, schälen und in sehr feine Stifte schneiden.

**3.** Die Sojabohnensprossen mit kaltem Wasser abwaschen und gründlich abtropfen lassen. Den Chinakohl in seine einzelnen Blätter zerteilen. Die Blätter waschen und gut trockenschütteln. 5 Blätter in feine Streifen schneiden. Die anderen beiseite stellen.

**4.** Den Knoblauch schälen. Das Öl in einem Wok oder in einer Pfanne mit hohem Rand erhitzen, den Knoblauch durch die Presse hineindrücken und darin kurz anbraten. Frühlingszwiebeln und Möhrenstifte dazugeben und etwa 2 Minuten unter Rühren anbraten. Dann die Chinakohlstreifen darunter mischen und alles weitere 2 Minuten garen. Die Glasnudeln und die Sojabohnensprossen darunter rühren und etwa 1 Minute mitbraten. Die helle Sojasauce unterrühren und zum Schluss den Schinken darunter mischen. Die Gemüse-Nudel-Mischung etwas abkühlen lassen.

**5.** Inzwischen die restlichen Kohlblätter in Streifen schneiden. Den Zucker mit dem Essig und etwas Pfeffer verrühren. Die dunkle Sojasauce und das Sesamöl dazugeben und so lange rühren, bis sich der Zucker aufgelöst hat. Mit Salz abschmecken. Die Chinakohlstreifen mit dieser Marinade mischen und auf 4 Vorspeiseteller verteilen.

**6.** Je 1 EL der Füllung auf 1 Frühlingsrollenblatt geben. Die 2 langen Teigseiten nach innen einschlagen und dann die Teigplatte von einer schmalen Seite her vorsichtig zusammenrollen. Die Ränder gut andrücken.

**7.** Das Öl in einer Fritteuse oder in einem großen Topf erhitzen. Die Frühlingsrollen darin portionsweise in 4–5 Minuten goldgelb ausbacken. Mit einer Schaumkelle herausnehmen und kurz auf Küchenkrepp abtropfen lassen. Dann auf die Teller mit dem Chinakohl legen.

## Tipp

Wer auf seine Linie achten muss, kann die Frühlingsrollen auch dämpfen. Stellen Sie dafür einen Sieb- oder Bambuseinsatz in einen Wok mit wenig kochendem Wasser, legen die Röllchen hinein und dämpfen sie zugedeckt etwa 10 Minuten. Wichtig ist, dass Sie nur so wenig Wasser nehmen, dass es den Dämpfeinsatz nicht berührt.

# Reis-Gemüse-Salat

**preiswert**
vegetarisch
raffiniert
**für Kids ✓**
**Picknick ✓**
schnell
< 300 kcal
ACE-Power

**Für 4 Personen**

- Zubereitungszeit: ca. 1 Std.
- Zeit zum Durchziehen: ca. 15 Min.
- ca. 620 kcal je Portion

200 g Langkornreis • etwas Salz
150 g TK-Erbsen • 1 kleine Dose Gemüsemais (ca. 150 g Abtropfgewicht)
1 kleine Salatgurke • 4 Frühlingszwiebeln
3 Tomaten
150 g Cabanossi
3 EL Weißweinessig • 1 TL Sambal Oelek • 1 Knoblauchzehe • 6 EL Sonnenblumenöl • etwas schwarzer Pfeffer aus der Mühle
1 Bund krause Petersilie

**1.** Den Reis in reichlich Salzwasser etwa 15 Minuten kochen, dann durch ein Sieb abgießen, mit kaltem Wasser abspülen und sehr gut abtropfen lassen.

**2.** Die Erbsen in kochendem Salzwasser etwa 5 Minuten garen, dann sofort in ein Sieb geben, eiskalt abschrecken und abtropfen lassen. Den Mais ebenfalls in ein Sieb geben, mit lauwarmem Wasser abspülen und abtropfen lassen.

**3.** Die Gurke waschen, putzen, zuerst längs halbieren und dann quer in Scheiben schneiden. Die Frühlingszwiebeln waschen, putzen und schräg in Ringe schneiden.

**4.** Die Tomaten waschen, trockenreiben und die Stielansätze entfernen. Die Früchte in Achtel schneiden.

**5.** Die Cabanossi mitsamt der Wurstpelle in dünne Scheiben schneiden. Die Wurstscheiben mit den vorbereiteten Salatzutaten in einer Schüssel vermischen.

**6.** Den Essig mit dem Sambal Oelek in einer kleinen Schüssel verrühren. Die Knoblauchzehe schälen und dazupressen. Das Öl darunter schlagen und alles mit Salz und Pfeffer würzen.

**7.** Die Marinade auf den Salat träufeln und diesen etwa 15 Minuten durchziehen lassen. Inzwischen die Petersilie waschen, trockentupfen, fein hacken und kurz vor dem Servieren auf den Salat streuen.

## Tipps

Der Reis für den Salat sollte sehr trocken und körnig gekocht sein; denn durch das Stehen in der Marinade quillt er noch nach. Nehmen Sie am besten Langkornreis, der „parboiled", also vorbehandelt ist, und kochen Sie ihn nur knapp gar.

Eine noch pikantere Note erhalten Sie, wenn Sie den Reis wie ein Pilaw kochen. Braten Sie dazu zunächst ½ Zwiebel und 1 Knoblauchzehe in einem Topf in 1 EL Öl glasig. Schütten Sie dann den Reis hinein und rühren Sie gründlich durch. Gießen Sie nun knapp ½ l Hühnerbrühe zu und lassen Sie alles etwa 10 Minuten ohne Deckel quellen.

Sie können den Reis auch durch die gleiche Menge gekochte Schmetterlingsnudeln (Farfalle) ersetzen.

# Wildreissalat

preiswert
vegetarisch
**raffiniert ✓**
für Kids
**Picknick ✓**
schnell
< 300 kcal
**ACE-Power ✓**

**Für 4 Personen**

- Zubereitungszeit: ca. 2 Std.
- ca. 420 kcal je Portion

200 g wilder Reis • etwas Salz
150 g TK-Erbsen
je 1 gelbe und rote Paprikaschote •
250 g geräucherte Putenbrust
2 EL Reisweinessig • etwas schwarzer Pfeffer aus der Mühle • 6 EL Diestelöl • 2 cm Ingwerknolle
½ Bund Koriandergrün

**1.** Den Reis in einem Sieb mit lauwarmem Wasser so lange abspülen, bis das Wasser klar abfließt. Den Reis abtropfen lassen und mit ½ l Salzwasser in einen großen Topf geben. Den Reis zum Kochen bringen und bei schwacher Hitze 40–45 Minuten köcheln lassen, bis er bissfest, aber nicht weich ist.

**2.** Die Erbsen in kochendes Wasser geben, etwa 8 Minuten garen, kalt abschrecken, gut abtropfen und abkühlen lassen.

**3.** Die Paprikaschoten putzen, waschen, trockenreiben, halbieren, entkernen und in ganz dünne Stifte schneiden. Die Putenbrust in feine Streifen schneiden. Alle vorbereiteten Salatzutaten vermischen.

**4.** Den Essig mit etwas Salz und Pfeffer in einer kleinen Schale verrühren. Nun das Öl darunter schlagen. Die Ingwerknolle schälen, sehr fein hacken und unter die Salatsauce rühren. Die Sauce auf den Salat träufeln und vorsichtig unterheben. Den Salat einige Minuten durchziehen lassen.

**5.** Inzwischen den Koriander kalt abspülen, trockentupfen und die Blätter von den Stielen zupfen. Die Blätter fein hacken und vor dem Servieren auf den Salat streuen.

## Tipp

Wilder Reis ist der Samen eines Wildgetreides, das vor allem von den Indianern in den USA geerntet wird. Er hat eine wesentlich längere Kochzeit als weißer Reis. Wilder Reis ist teuer. Preiswerter wird es, wenn Sie für den Salat die gleiche Menge einer fertigen Reismischung aus Langkorn- und wildem Reis nehmen.

preiswert
vegetarisch
**raffiniert ✓**
für Kids
**Picknick ✓**
schnell
< 300 kcal
**ACE-Power ✓**

# Hähnchensalat mit Avocado und Roquefort

2 Hähnchenbrustfilets à 150 g • etwas Salz • etwas weißer Pfeffer aus der Mühle • 1 EL Sojaöl
3 Grapefruits
2 rote Zwiebeln • 250 g Roquefort
1 Avocado • 1 EL Zitronensaft
7 EL Sherryessig • 1 Prise Zucker • 4 EL Walnussöl
1 Bund Schnittlauch

**1.** Die Filets kalt abwaschen, trockentupfen, salzen und pfeffern und im heißen Sojaöl von allen Seiten in etwa 10 Minuten gar braten. Das Fleisch herausnehmen, etwas abkühlen lassen und in Streifen schneiden.

**2.** Grapefruits so schälen, dass die weiße Haut entfernt ist. Die Filets aus den Trennwänden herausschneiden. Das Fruchtfleisch noch einmal quer durchschneiden.

**3.** Die Zwiebeln schälen und in feine Ringe schneiden. Den Käse entrinden und würfeln.

**4.** Die Avocado halbieren, den Stein herauslösen, dann vierteln. Das Fruchtfleisch mit einem scharfen Messer von der Schale lösen und in Streifen schneiden. Die Streifen sofort mit Zitronensaft beträufeln.

**5.** Den Sherryessig mit etwas Zucker in einer kleinen Schale verrühren. Das Öl darunter schlagen und alles mit Salz und Pfeffer abschmecken. Das Dressing auf den Salat träufeln und vorsichtig unterheben.

**6.** Den Schnittlauch kalt abspülen, trockentupfen. In kleine Röllchen schneiden und vor dem Servieren auf den Salat streuen.

## Tipp

Die roten Zwiebeln können Sie durch Frühlingszwiebeln ersetzen.

**Für 4 Personen**

- Zubereitungszeit: ca. 45 Min.
- ca. 580 kcal je Portion

# Wintersalat

**preiswert ✓**
**vegetarisch ✓**
raffiniert
für Kids
Picknick
**schnell ✓**
**< 300 kcal ✓**
ACE-Power

**Für 4 Personen**

- Zubereitungszeit: ca. 25 Min.
- ca. 220 kcal je Portion

350 g Weißkohl (ca. 1/4 Kopf)
3 Selleriestangen
1 roter Apfel (z. B. Jonagold)
50 g Walsnusskerne • 30 g Rosinen • 5–6 EL Mayonnaise
etwas Salz • etwas Pfeffer aus der Mühle

**1.** Den Weißkohl vom Strunk sowie von den äußeren Blättern befreien und dann in feine Streifen schneiden.

**2.** Die Selleriestangen putzen, waschen und in sehr feine Scheiben schneiden.

**3.** Den Apfel waschen, vierteln, entkernen und dann in mundgerechte, dünne Spalten schneiden.

**4.** Die Walnüsse hacken. Weißkohl, Sellerie, Apfel, Walnüsse und Rosinen in einer Schüssel vermengen. Dann die Mayonnaise darunter rühren. Alles salzen und pfeffern.

**5.** Wenn möglich, den Salat vor dem Servieren einige Minuten durchziehen lassen.

## Tipps

Der Wintersalat passt besonders gut zu deftigen Fleischgerichten. Sie können aber auch eine größere Menge davon zubereiten und als Partysalat servieren.

Sie können auch Mayonnaise selbst herstellen. Für 250 g Mayonnaise brauchen Sie 1 frisches Eigelb. Schlagen Sie dies auf und rühren tropfenweise etwa 200 ml Öl unter. Schmecken sie die Mayonnaise mit etwas Salz, Zucker, 1 TL Senf und 2 EL Weißweinessig ab. Ohne Probleme können Sie die Mayonnaise auch mit 150 g Joghurt oder Quark strecken.

## Variation

Statt mit Weißkohl können Sie diesen Salat auch mit Sauerkaut herstellen. Schmecken Sie dann den Salat mit 1 TL Zucker oder Honig ab. Würzen Sie nur sparsam mit Salz, denn dem Sauerkraut ist schon vor dem Gärungsprozess Salz zugesetzt worden.

# Garnelen-Schinken-Salat

| |
|---|
| 100 g geschälte TK-Garnelen • 200 g TK-Erbsen |
| etwas Salz • 175 g Langkornreis |
| 2 EL Pfanzenöl • 1 EL Weißweinessig • |
| etwas weißer Pfeffer aus der Mühle • etwas Zucker |
| 100 g gekochter Schinken |

**1.** Die Garnelen bei Zimmertemperatur auftauen lassen. Die Erbsen in Salzwasser 1 Minute kochen lassen. In ein Sieb geben und abtropfen lassen

**2.** Inzwischen reichlich Salzwasser zum Kochen bringen und den Reis darin in etwa 15 Minuten garen. Den Reis anschließend in einem Sieb abtropfen lassen und mit kaltem Wasser abspülen.

**3.** Öl, Essig, Salz, Pfeffer und Zucker miteinander verrühren und die Marinade abschmecken. Den Reis in eine Salatschüssel geben und mit der Essig-Öl-Marinade vermengen.

**4.** Den Schinken in kleine Würfel schneiden. Die Schinkenwürfel, die Erbsen und die Garnelen unter den Reis mischen. Vor dem Servieren den Salat für etwa 1 Stunde in den Kühlschrank stellen.

## Tipp

Wenn Sie den Reis in einer kräftigen Brühe garen, wird der Salat aromatischer.

**preiswert ✓**
vegetarisch
raffiniert
für Kids
Picknick
**schnell ✓**
**< 300 kcal ✓**
ACE-Power

**Für 4 Personen**

- Zubereitungszeit: ca. 30 Min.
- Kühlzeit: ca. 1 Std.
- ca. 290 kcal je Portion

# Farfallesalat mit Pfifferlingen

**preiswert ✓**
vegetarisch
raffiniert
**für Kids ✓**
**Picknick ✓**
schnell
< 300 kcal
ACE-Power

**Für 4 Personen**

- Zubereitungszeit: ca. 1 ¼ Std.
- Zeit zum Durchziehen: ca. 1 Std.
- ca. 520 kcal je Portion

3 Zweige Estragon • ½ Bund Kerbel
200 g Crème fraîche • 4 EL Rosé • etwas Salz • etwas schwarzer Pfeffer aus der Mühle
200 g Farfalle (Schmetterlingsnudeln)
150 g frische Pfifferlinge • 2 Schalotten
1 Bund Frühlingszwiebeln • 150 g Parmaschinken in dünnen Scheiben
1 EL Olivenöl

**1.** Die Kräuter unter fließendem kaltem Wasser abwaschen, trockentupfen und sehr fein hacken.

**2.** Die Crème fraîche mit dem Wein verrühren, mit Salz und Pfeffer abschmecken. Die Kräuter unterrühren und alles zugedeckt im Kühlschrank etwa 1 Stunde durchziehen lassen.

**3.** Inzwischen die Nudeln in reichlich kochendem Salzwasser in etwa 9 Minuten bissfest kochen. Die Nudeln auf ein Sieb geben und gut abtropfen lassen.

**4.** Die Pfifferlinge putzen, nur kurz waschen und trockentupfen. Die Schalotten schälen und fein hacken.

**5.** Die Frühlingszwiebeln putzen, waschen und schräg in feine Ringe schneiden. Nun die Schinkenscheiben übereinander legen und in sehr feine Streifen schneiden.

**6.** Das Öl in einer großen Pfanne erhitzen. Die Schalotten darin glasig braten. Die Pfifferlinge hinzugeben und gut anbraten. Schalotten und Pilze herausnehmen und abkühlen lassen.

**7.** Die Farfalle mit der Pilz-Schalotten-Mischung, den Schinkenstreifen und den Frühlingszwiebeln in einer großen Schüssel vermischen. Das Dressing darauf gießen und vorsichtig unterheben. Den Salat vor dem Servieren etwa 1 Stunden ziehen lassen.

## Tipps

Legen Sie die Pfifferlinge nach dem Waschen für etwa 5 Minuten in Essigwasser. Das schwemmt Ungeziefer heraus und die Pilze werden schön hell. Vor der Weiterverarbeitung sollten Sie die Pilze dann kurz in einem Sieb unter fließend kaltem Wasser abspülen.

Die Saison der frischen Pfifferlinge ist sehr kurz. Während der restlichen Zeit können Sie sich mit frischen braunen Champignons, Austernpilzen oder Pfifferlingen aus dem Glas behelfen.

Noch feiner schmeckt der Salat, wenn Sie ihn nicht kalt, sondern noch lauwarm reichen. Sie brauchen dazu die Zutaten nicht abkühlen zu lassen, sondern können sie noch warm mit der Salatsauce verrühren.

# Tabbouleh

- **preiswert ✓**
- **vegetarisch ✓**
- **raffiniert**
- **für Kids ✓**
- **Picknick ✓**
- **schnell ✓**
- **< 300 kcal ✓**
- **ACE-Power**

**Für 4 Personen**

- Zubereitungszeit: ca. 30 Min.
- Marinierzeit: ca. 30 Min.
- ca. 300 kcal je Portion

400 ml Gemüsebrühe (Instant) • 200 g Bulgur
1 Bund zarte Frühlingszwiebeln •
4 mittelgroße Tomaten
1 Bund glatte Petersilie • 1/2–1 Bund Minze
4 EL Zitronensaft • 4 EL Olivenöl • etwas Salz •
etwas schwarzer Pfeffer aus der Mühle

**1.** Die Brühe in einem kleinen Topf aufkochen lassen. Den Bulgur hineinstreuen und ihn bei schwacher Hitze gut zugedeckt knapp 10 Minuten quellen lassen. Den Bulgur abtropfen und dann abkühlen lassen.

**2.** Die Frühlingszwiebeln waschen, putzen und in feine Ringe schneiden. Die Tomaten waschen, trockenreiben, halbieren, entkernen und klein würfeln.

**3.** Die Petersilie und die Minze waschen, trockentupfen und die Blätter grob hacken. Die Kräuter mit den Frühlingszwiebeln, den Tomaten und dem Bulgur mischen.

**4.** In einer Schale den Zitronensaft mit dem Olivenöl, Salz und Pfeffer verquirlen. Diese Marinade vorsichtig unter die übrigen Zutaten mischen. Den Salat herzhaft abschmecken und vor dem Servieren mindestens 30 Minuten ziehen lassen.

## Tipp

Bulgur ist bereits gegarter Hartweizengrieß. Vor allem in den arabischen Ländern ist er ein beliebtes Getreideprodukt. Man bekommt ihn in Naturkostläden oder in türkischen oder nordafrikanischen Lebensmittelläden.

# Tomaten-Mozzarella-Teller

500 g Tomaten • 250 g Mozzarella (2 Kugeln)
ca. 20 Basilikumblätter
6 EL Olivenöl • etwas schwarzer Pfeffer aus der Mühle • etwas Salz

**1.** Die Tomaten waschen, abtrocknen, putzen und in Scheiben schneiden. Den Mozzarella in etwa $1/2$ cm dicke Scheiben schneiden.

**2.** Tomaten- und Käsescheiben abwechselnd kreisförmig auf eine große, runde Platte legen.

**3.** Die Basilikumblätter waschen, trockentupfen und auf die Platte streuen.

**4.** Das Olivenöl über die Zutaten träufeln. Alles mit Pfeffer und Salz würzen.

## Tipp

Statt der Mozzarellakugeln, die Sie in jeder Käsetheke finden, können Sie auch mal die würzigere Büffelmozzarella (Mozzarella di buffala) nehmen, die – wie im Original – aus Büffelmilch hergestellt wird.

## Variation

Anstatt die Tomaten- und Mozzarellascheiben auf einer Platte zu verteilen, können Sie auch etwa 8 Baguettebrötchen belegen. Dafür schneiden Sie die Brötchen auf, beträufeln die Innenflächen mit etwas Olivenöl und legen abwechselnd einige Scheiben Tomate und Mozzarella auf die untere Brötchenhälfte. Dann alles mit Basilikum, Pfeffer und Salz würzen und die obere Brötchenhälfte darauf drücken.

**preiswert ✓**
**vegetarisch ✓**
raffiniert
für Kids
**Picknick ✓**
**schnell ✓**
< 300 kcal
ACE-Power

**Für 4 Personen**

- Zubereitungszeit: ca. 15 Min.
- ca. 340 kcal je Portion

# Paprika-Eier-Salat

**preiswert ✓**
**vegetarisch ✓**
raffiniert
für Kids
**Picknick ✓**
**schnell ✓**
< 300 kcal
**ACE-Power ✓**

**Für 4 Personen**

- Zubereitungszeit: ca. 30 Min.
- ca. 430 kcal je Portion

4 frische Eier • 1 Knoblauchknolle • 1 kleine Zwiebel

6 EL Gemüsebrühe (Instant) • 1 EL Sherryessig • 1/2 TL Senf • 6 EL Olivenöl • 1 Msp. Salz • etwas weißer Pfeffer aus der Mühle • 1 Msp. Zucker

je 1 rote, gelbe und grüne Paprikaschote • 1 Chilischote

1/2 Salatgurke • 1 Bund glattblättrige Petersilie

1. Die Eier in 10 Minuten hart kochen. Die Knoblauchknolle in Zehen zerlegen. 2 Zehen schälen und zerdrücken. Die Zwiebel schälen und sehr fein hacken.
2. Die Gemüsebrühe mit Essig, Senf, 3 EL Öl, Salz, Pfeffer, Zucker und dem zerdrückten Knoblauch mit dem Mixstab zu einer Vinaigrette aufschlagen. Die Zwiebel dazugeben.
3. Die Paprikaschoten waschen, vierteln, putzen und in dünne Streifen schneiden. Die Chilischote waschen, Stielansatz entfernen, längs halbieren und die Kerne entfernen. Dann in sehr feine Streifen schneiden. Wenn man nicht mit Haushaltshandschuhen arbeitet, danach sofort die Hände waschen.
4. Nun die Salatgurke waschen, längs halbieren, mit einem Löffel entkernen und in dünne Scheiben schneiden. Alles in einer Schüssel mischen. Die Eier pellen und grob hacken.
5. Die Petersilie waschen und trockentupfen. Die Blätter von den Stielen zupfen und ebenfalls grob hacken.
6. Das restliche Öl in einer Kasserolle erhitzen und die restlichen Knoblauchzehen ungeschält darin knusprig frittieren. Herausnehmen und auf Küchenkrepp abtropfen lassen.
7. Den Salat in einer flachen Schale anrichten, die Vinaigrette darüber gießen, die gehackten Eier darüber verteilen und die frittierten Knoblauchzehen darauf anrichten. Den Salat mit Petersilie bestreuen.

## Tipps

Wenn Sie den Salat etwas verfeinern wollen, gießen Sie die Salatsauce durch ein Sieb und werfen die Zwiebeln weg.

Wenn Ihnen die Chilischote zu scharf ist, dann hacken Sie sie sehr fein, lassen sie in der Sauce ziehen und seihen sie dann ab.

Wahre Knoblauchfans werden mit Begeisterung diesen Salat genießen. Falls Sie nicht zu diesen gehören, können Sie die frittierten Knoblauchzehen auch weglassen.

# Teufelssalat

3 Rinderkluftsteaks à 100 g • 1 EL Öl •
etwas Salz • etwas schwarzer Pfeffer aus der Mühle
2 frische Eier
je 1 rote und grüne Paprikaschote • 2 Zwiebeln
4 Tomaten • 2 Gewürzgurken
5 EL Tomatenketchup • 3 EL Mayonnaise •
2 EL Weizenkeimöl • 1 EL Weißweinessig •
Cayennepfeffer • Paprikapulver, rosenscharf •
etwas Zucker • 2 Spritzer Tabasco

preiswert
vegetarisch
**raffiniert ✓**
für Kids
**Picknick ✓**
schnell
< 300 kcal
**ACE-Power ✓**

**Für 4 Personen**

- Zubereitungszeit: ca. 1 Std.
- Zeit zum Durchziehen: ca. 30 Min.
- ca. 450 kcal je Portion

**1.** Das Fleisch kalt abwaschen und trockentupfen. Das Öl in einer großen Pfanne erhitzen. Die Steaks darin beidseitig etwa 1 Minute anbraten, salzen und pfeffern. Dann das Fleisch auf beiden Seiten je etwa 4 Minuten braten, herausnehmen und abkühlen lassen.

**2.** Die Eier in etwa 10 Minuten hart kochen, kalt abschrecken, pellen und in Scheiben schneiden.

**3.** Die Paprikaschoten putzen, waschen, vierteln, entkernen und in feine Streifen schneiden. Die Zwiebeln schälen, halbieren und in hauchdünne Scheiben schneiden.

**4.** Die Tomaten über Kreuz einritzen, mit kochendem Wasser kurz überbrühen, abschrecken, enthäuten, die Stielansätze entfernen und die Tomaten in Stücke schneiden. Die Gurken abtropfen lassen und in Scheiben schneiden. Das abgekühlte Fleisch in feine Streifen schneiden. Alle vorbereiteten Zutaten in einer Salatschüssel mischen.

**5.** Den Tomatenketchup mit der Mayonnaise, dem Öl und dem Essig in einer Schale verrühren und mit Cayennepfeffer, Paprika, Zucker und Tabasco pikant abschmecken.

**6.** Das Dressing auf den Salat gießen, vorsichtig untermengen und alles im Kühlschrank etwa 30 Minuten durchziehen lassen.

# Kartoffel-Leberkäse-Salat

700 g fest kochende Kartoffeln • etwas Salz
1/4 l Fleischbrühe (Instant)
1 große rote Paprikaschote •
1/2 Bund Frühlingszwiebeln
200 g Gewürzgurken • 400 g grober Leberkäse
5 EL Weißweinessig • 1 EL süßer Senf •
5 EL Sonnenblumenöl • etwas schwarzer Pfeffer aus der Mühle • 1 Prise Zucker
1 Bund Schnittlauch

**1.** Die Kartoffeln in kochendes Salzwasser geben und etwa 20 Minuten garen. Die Kartoffeln abgießen, kalt abschrecken, pellen und in Scheiben schneiden.

**2.** Die Brühe in einem kleinen Topf leicht erwärmen und auf die Kartoffeln gießen. Diese darin 15 Minuten ziehen lassen.

**3.** Inzwischen die Paprika waschen und trockenreiben, dann halbieren, entkernen und das Fruchtfleisch in kleine Würfel schneiden. Die Frühlingszwiebeln waschen, putzen und schräg in feine Ringe schneiden.

**4.** Die Gewürzgurken abtropfen lassen und in kleine Würfel schneiden. Den Leberkäse in schmale Streifen schneiden. Alle vorbereiteten Salatzutaten in einer Schüssel vermischen.

**5.** Den Essig mit dem Senf in einer kleinen Schale verrühren. Das Öl darunter schlagen und alles mit Salz, Pfeffer sowie Zucker abschmecken. Die Marinade auf den Salat gießen und das Ganze etwa 30 Minuten durchziehen lassen.

**6.** Inzwischen den Schnittlauch unter fließendem kaltem Wasser abspülen, trockentupfen und zu Röllchen schneiden. Die Röllchen kurz vor dem Servieren auf den Salat streuen.

**preiswert ✓**
vegetarisch
raffiniert
**für Kids ✓**
**Picknick ✓**
schnell
< 300 kcal
ACE-Power

**Für 4 Personen**

- Zubereitungszeit: ca. 2 Std.
- Zeit zum Durchziehen: ca. 30 MIn.
- ca. 610 kcal je Portion

# Alphabetisches Rezeptverzeichnis


**B**

Bauernsalat, griechischer 23
Blattsalat mit Shiitake-Pilzen 26

**C**

Chefsalat 36

**D**

Drei-Freunde-Salat, thailändischer 37

**F**

Farfallesalat mit Pfifferlingen 54
Feldsalat mit Champignons und Räucherlachs 28
Frühlingsrollen auf dem Gemüsebett 46
Frühlingssalat, bunter 14

**G**

Garnelen-Schinken-Salat 53
Geflügelsalat, malayischer 41
Geflügel-Spinat-Salat 20
Gemüsesalat, pazifischer 38
Grüner Salat mit Radieschen 25

**H**

Hähnchensalat mit Avocado und Roquefort 51
Herbstsalat mit Orangendressing 24

**K**

Kartoffel-Leberkäse-Salat 61
Kartoffelsalat mit Speck 10
Käse-Wurst-Salat 13
Krabbensalat, gemischter 30
Krautsalat, bayerischer 15

**L**

Libanesischer Salat 45
Löwenzahnsalat mit Croûtons 12

**P**

Panzanella 44
Papaya-Garnelen-Salat 29
Paprika-Eier-Salat 58
Paprikasalat, ungarischer 40

**R**

Reis-Gemüse-Salat 48
Reisnudelsalat 34
Rinderfiletsalat mit Mango 33
Russischer Salat 19

**S**

Salat Niçoise 16
Sommersalat mit Käsedressing 22
Spinatsalat, türkischer 42

**T**

Tabbouleh 56
Teufelssalat 60
Thunfischsalat 18
Tomaten-Mozzarella-Teller 57

**W**

Wildreissalat 50
Wintersalat 52
Wirsingsalat mit Lamm 32

# Rezeptverzeichnis nach Rubriken

## Mit Essig-Öl-Dressing

Blattsalat mit Shiitake-Pilzen 26
Griechischer Bauernsalat 23
Grüner Salat mit Radieschen 25
Hähnchensalat mit Avocado und Roquefort 51
Herbstsalat mit Orangendressing 24
Kartoffel-Leberkäse-Salat 61
Käse-Wurst-Salat 13
Löwenzahnsalat mit Croûtons 12
Panzanella 44
Paprika-Eier-Salat 58
Reis-Gemüse-Salat 48
Rinderfiletsalat mit Mango 33
Sommersalat mit Käsedressing 22
Ungarischer Paprikasalat 40
Wildreissalat 50

## Frisches aus dem Meer

Feldsalat mit Champignons und Räucherlachs 28
Garnelen-Schinken-Salat 53
Gemischter Krabbensalat 30
Panzanella 44
Papaya-Garnelen-Salat 29
Russischer Salat 19
Salat Niçoise 16
Thailändischer Drei-Freunde-Salat 37
Thunfischsalat 18

## Deftiges mit Speck und Wurst

Bayerischer Krautsalat, 15
Kartoffel-Leberkäse-Salat 61
Kartoffelsalat mit Speck 10
Käse-Wurst-Salat 13
Reis-Gemüse-Salat 48
Teufelssalat 60
Ungarischer Paprikasalat 40
Wirsingsalat mit Lamm 32

## Feines mit Geflügel

Geflügel-Spinat-Salat 20
Hähnchensalat mit Avocado und Roquefort 51
Malayischer Geflügelsalat 41
Pazifischer Gemüsesalat 38
Reisnudelsalat 34
Thailändischer Drei-Freunde-Salat 37
Wildreissalat 50

## Raffiniert, aber einfach

Bunter Frühlingssalat 14
Chefsalat 36
Farfallesalat mit Pfifferlingen 54
Frühlingsrollen auf dem Gemüsebett 46
Grüner Salat mit Radieschen 25
Libanesischer Salat 45
Tabbouleh 56
Tomaten-Mozzarella-Teller 57
Türkischer Spinatsalat 42
Wintersalat 52

# Impressum

Im FALKEN Verlag sind zahlreiche Titel zum Thema „Essen und Trinken" erschienen.
Sie sind überall erhältlich, wo es Bücher gibt.

Sie finden uns im Internet: **www.falken.de**

Dieses Buch wurde auf chlorfrei gebleichtem und säurefreiem Papier gedruckt.

Der Text dieses Buches entspricht den Regeln der neuen deutschen Rechtschreibung.

ISBN 3 8068 2603 X



**Umschlaggestaltung:** Martina Eisele, München
**Gestaltung:** red.sign, Stuttgart
**Redaktion:** Marlein Auge, Düsseldorf und red.sign, Stuttgart
**Koordination und Schlussredaktion:** Elly Lämmlen, FALKEN Verlag und Marlein Auge, Düsseldorf
**Bildbeschaffung:** Dr. Ruth Leners
**Herstellung:** Petra Becker, FALKEN Verlag und red.sign, Stuttgart
**Titelbild:** Klaus Arras, Köln
**Weitere Fotos auf dem Umschlag:** Das Bild auf der Umschlaginnenseite vorne wurde dem FALKEN Verlag freundlicherweise von der Autorin zu Verfügung gestellt. **W. Feiler:** Umschlagklappe, hinten, innen, re. o., re. m. und re. u. / **FALKEN Archiv: W. Feiler:** Umschlagklappe, Umschlagklappe, hinten, innen, li. o., li. m. und li. u.
**Rezeptfotos: FALKEN Archiv: H.-J. Döbelin:** S. 52 und 53 / **M. Brauner:** S.11, 12, 13, 14, 15, 18, 19, 21, 22, 23, 24, 25, 27, 28, 29, 32, 33, 35, 36, 37, 39, 40, 41, 44, 45, 49, 50, 51, 55, 56, 60 und 61 / **W. Feiler:** S. 17, 47 und 57 / **M. Krapohl:** S. 43 und 59 / **B. Wegner:** S. 31
**Weitere Fotos im Innenteil: FALKEN Archiv: W. Feiler:** S. 1 re. o., 1 li. u. und 7 li. o. / **TLC:** S. 4, 5, 6 und 7 u.

**Satz:** red.sign, Stuttgart
**Druck:** Druckhaus Cramer, Greven

817 2635 4453 6271